Envia o Espírito Santo

NOVENAS DE PENTECOSTES

Não deixe de ler outros livros do autor

Ao vencedor! — Mensagens às Sete Igrejas do Apocalipse

Batalha espiritual

Católico pode ou não pode? Por quê? — 1ª Parte

Católico pode ou não pode? Por quê? — 2ª Parte

Cerco de Jericó — O caminho da vitória

Como rezar pela cura entre as gerações

Cura das emoções em Cristo

Cura das enfermidades

Devocionário Nossa Senhora dos Prazeres

Em que cremos? — Doutrina Católica e Bíblia

Maria, a Mensageira do Céu

Morte: Lucro ou perda?

O Fogo de Pentecostes

O Manual da Felicidade — O Sermão da Montanha

O milagre da Eucaristia para você

Orações de cura e libertação

Perguntas e respostas sobre a fé

Quem fundou a sua Igreja?

Vitória pela Oração

Pe. Alberto Gambarini

Envia o Espírito Santo

NOVENAS DE PENTECOSTES

Ágape

Cx. Postal 32
06850-970 — Itapecerica da Serra, SP
Fones (11) 4666-3988/4666-3619
Fax: (11) 4666-6056
Home page: www.encontrocomcristo.org.br

Composição e impressão
Edições Loyola
Rua 1822 nº 347 — Ipiranga
04216-000 São Paulo, SP
Caixa Postal 42.335
04218-970 São Paulo, SP
(11) 6914-1922
(11) 6163-4275
Home page e vendas: www.loyola.com.br
Editorial: loyola@loyola.com.br
Vendas: vendas@loyola.com.br

Dedico a Dom Emílio Pignoli,
primeiro bispo da Diocese de Campo Limpo,
por seus cinqüenta anos de sacerdócio.

Sumário

Apresentação

Com grande alegria espiritual, apresento a todos os nossos diocesanos e a todos os leitores dos livros do nosso estimado Pe. Alberto Gambarini mais este trabalho: *As novenas de Pentecostes.*

Já no século III, Santo Hipólito, presbítero, recomendava às comunidades: "Creiamos no Pai, como ele quer ser acreditado; glorifiquemos o Filho, como ele quer ser glorificado; e recebamos o Espírito Santo, como ele quer se dar a nós". Que maravilha consoladora saber que o Espírito Santo é o dom do Pai e do Filho que quer dar-se a nós!

Foi o próprio Jesus que, ao voltar ao Pai, deu esta ordem aos Apóstolos: **"Não se afastem de Jerusalém, fiquem em oração, esperando o prometido pelo Pai, 'o que ouviste de mim: João batizou com água, vós em breve sereis batizados com o Espírito Santo'"** (At 1,4-5).

Obedientes, os Apóstolos, com Maria, Mãe do Senhor e algumas outras mulheres, subiram à sala do Cenáculo para aguardar a realização da promessa. Nove dias de oração e recordação das palavras de Jesus se passaram entre sua Ascensão ao céu e o dia de Pentecostes (cinqüenta dias depois da Páscoa), quando **"Embeberam-se todos no Espírito Santo"** (At 2,4).

Foi realmente a primeira novena da história da Igreja, pedida pelo próprio Salvador, para contemplar a Redenção que continuaria na Igreja, cuja alma é o Espírito Santo. Todo ano, a liturgia eclesiástica nos propõe esta novena com leituras e orações próprias.

Infelizmente, no Brasil, na preparação de Pentecostes, celebra-se também a *Semana de Oração pela Unidade dos Cristãos*. É justo que supliquemos ao Espírito Santo o grande dom da unidade, o ecumenismo espiritual; entretanto, sabemos que não haverá unidade ecumênica plena entre os cristãos, se a Igreja que Jesus fundou — Una, Santa, Católica e Apostólica — não se tornar o sinal visível da santidade como "Sacramento da Salvação universal". Isso só é possível com um novo Pentecostes, como profetizou o Beato Papa João XXIII, ao convocar o Concílio Ecumênico Vaticano II.

Ao meditar os textos deste livro e as orações indicadas, colaboraremos para a realização deste tempo abençoado do Espírito Santo.

Consolidai Vossa Vocação!

DOM EMÍLIO PIGNOLI
1º Bispo Diocesano de
Campo Limpo

Introdução

"A Igreja tem necessidade de um perene Pentecostes; necessita de fogo no coração, de palavra nos lábios, de profecia no olhar."

Paulo VI

Os cristãos precisam construir uma cultura de Pentecostes, sem medo de subir as escadas que conduzem à sala superior do Cenáculo, na qual o Espírito Santo está nos esperando para derramar Seu poder sobrenatural.

Toda a Igreja necessita reviver a dinâmica de Pentecostes para novamente, como no início do cristianismo, ser a semente de um mundo de verdadeira fraternidade entre os homens. Ela precisa promover a ação restauradora do Espírito Santo para a construção da civilização de amor desejada e criada por Deus.

Peçamos ao Espírito Santo o mesmo milagre do poder espiritual daquele dia inesquecível de Pentecostes em Jerusalém. Conceda-nos o Espírito Santo "línguas novas", línguas de verdade e amor, para que vejamos e sintamos a presença de Deus transbordando de nosso interior. Na plenitude de Sua Presença, com o coração abrasado de amor ardente por Jesus, possamos vencer todos os nossos limites e fraquezas. E, uma vez cheios do poder do alto, as pessoas vejam o amor em nossos rostos, sintam nossa alegria contagiando-as para que também abram o coração para receber a vida nova do Espírito.

Meu desejo é colaborar para que estas novenas de Pentecostes sejam um instrumento capaz de incentivar todos a transformar o coração em um Pentecostes vivo todos os dias.

Capítulo um

A importância da novena de Pentecostes

"Temos que rezar e invocar o Espírito Santo, porque cada um de nós tem grandemente necessidade de Sua proteção e de Sua ajuda. Mais o homem é deficiente em sabedoria, fraco em força, inclinado para o pecado, mais deve elevar-se a Ele que é incessante Fonte da Luz, da Força, da Consolação e da Santidade."

LEÃO XIII (Divinum Illud, 9 DE MAIO DE 1897).

A novena em honra ao Espírito Santo é a mais importante e necessária de todas as novenas. Por meio dela pedimos ao Senhor que renove em nossa vida e na Igreja o perene Pentecostes. Ela deve ser feita principalmente na preparação da Festa de Pentecostes, como foi pedido pelo próprio Jesus aos seus discípulos: **"Eu vos mandarei o Prometido de meu Pai; entretanto, permanecei na cidade, até que sejais revestidos da força do alto"**(Lc 24,49). O resultado desta oração aconteceu no dia de Pentecostes, quando a Igreja e todos os presentes na sala do Cenáculo de Jerusalém foram batizados no Espírito: **"Chegando o dia de Pentecostes, estavam todos reunidos no mesmo lugar. De repente, veio do céu um ruído, como se soprasse um vento impetuoso, e encheu toda a casa onde estavam sentados. Apareceu-lhes então uma espécie de línguas de fogo que se repartiram e repousaram sobre cada um deles. Ficaram todos cheios do Espírito Santo e começaram a falar em outras línguas, conforme o Espírito Santo lhes concedia que falassem"**(At 2,1-4).

Pentecostes não passou, a ação do Espírito está presente em todos os tempos e em todos os lugares, conforme as palavras de Pedro dirigidas à multidão diante da sala do Cenáculo: **"a promessa é para vós, para os vossos filhos e para todos os que ouvirem de longe o apelo do Senhor, nosso Deus"** (At 2,39).

No espírito da pregação de Pedro, o livro dos Atos dos Apóstolos não apresenta um único Pentecostes. O derramamento do Espírito Santo na sala do Cenáculo de Jerusalém (cf. At 2,1-4) foi a ocasião para abrir as comportas do céu e iniciar um novo tempo para a Igreja, transformando-a em um contínuo Pentecostes. Destacam-se o da Samaria (At 8,14-17); o da conversão de Paulo (At 9,17-19); o da casa de Cornélio (At 10,44-48); o de Éfeso (At 19,1-7).

No final do século XIX, Madre Elena Guerra[1], fundadora das Irmãs Oblatas do Espírito Santo, sente em seu coração uma moção de Deus para mostrar aos católicos a importância do Espírito Santo como fonte da vitalidade da fé. Nesse sentido dirige uma série de cartas confidenciais à Sua Santidade Leão XIII, falando da necessidade de rezar e invocar mais o Espírito Santo. Como todas as pessoas cheias do amor de Deus, aponta o caminho para levar a Igreja a viver um contínuo Pentecostes: "Oh, se pudessem ser elevadas ao céu, de cada parte do cristianismo, como aconteceu no tempo do Cenáculo de Jerusalém, unânimes e fervorosas orações por uma nova efusão do Espírito Santo".

Nas primeiras doze cartas confidenciais ao Papa Leão XIII, Madre Elena Guerra escreve:

> "Santo Padre, o mundo é mau, o espírito de Satanás triunfa em nossa sociedade pervertida e afasta uma multidão de almas do Coração de Jesus; mesmo neste terrível estado de coisas, os Cristãos não pensam em dirigir súplicas unânimes a Ele que pode 'renovar a face da terra'. As pessoas recomendam todo tipo de devoção, mas silenciam a respeito da única devoção que, de acor-

---

1. Elena Guerra (1835-1914) foi beatificada por João XXIII sob o título de "Apóstola da devoção ao Espírito Santo".

do com o Espírito Santo da Igreja, deveria ser a primeira e a mais importante. Tantas novenas são feitas, mas aquela Novena, que por ordem de Nosso Senhor em pessoa, foi recitada até por Nossa Senhora e pelos Apóstolos, está agora quase esquecida. Os pregadores louvam todos os Santos, mas quando ouvimos um sermão em honra do Espírito Santo, Ele que modela os Santos? Portanto, ó Pai Santo, somente Tu podes fazer os cristãos retornarem ao Espírito Santo, de forma que o Espírito Santo possa retornar a nós, derrotar o reino do demônio e conceder-nos a tão almejada renovação na face da terra" (17 de abril de 1895).

O apelo foi acolhido pelo Papa, que escreve a Encíclica *Divinum Illud Munus* sobre a presença e virtude admirável do Espírito Santo. Leão XIII também consagra a passagem para o século XX ao Espírito Santo e faz um apelo para que os bispos e sacerdotes preparem a festa de Pentecostes com uma novena:

> "34. Como há dois anos, pela nossa carta *Provida matris* recomendamos preces especiais, a se realizarem por ocasião das festividades católicas de Pentecostes, para que Deus nos apresse o benefício da união da Cristandade, resolvemos agora a esse respeito baixar algumas decisões mais amplas. Decretamos, portanto, e ordenamos que, em todo o orbe católico, no corrente ano e em todos os anos subseqüentes, seja celebrada uma novena pública antes de Pentecostes em todas as Igrejas paroquiais e, caso os respectivos Ordinários julgarem útil, também nas outras igrejas ou capelas. A todos, porém, que assistirem a essa novena e orarem devotamente em nossa intenção, concedemos para cada dia uma indulgência de sete anos e sete quarentenas junto a Deus; e uma indulgência plenária num dia qualquer dos mencionados, ou na Festa mesma de Pentecostes, ou ainda em qualquer dia dos oito seguintes, sob a condição de terem recebido devidamente os sacramentos da Penitência e da Sagrada Comunhão e orarem com devoção segundo a nossa referida intenção.

Desses benefícios queremos que gozem de igual modo aqueles que por motivo legítimo estão impedidos de participar dessas preces públicas ou que residem onde, a juízo do Ordinário, elas não podem ser realizadas sem grande incômodo, contanto que façam a novena em particular e cumpram as demais condições. Além disso, decidimos dar do tesouro da Igreja para todo o sempre a seguinte graça: todos os que, em público ou em particular, fizerem igualmente cada dia, durante o oitavário de Pentecostes até a festa da Santíssima Trindade, inclusive algumas orações ao Espírito Santo, conforme a sua piedade lhes sugerir, e executarem retamente as outras condições supracitadas podem lucrar segunda vez ambas as indulgências. Outrossim, concedemos misericordiosamente no Senhor que todas essas graças e indulgências possam ser aplicadas em sufrágio das pias almas sentenciadas ao fogo do purgatório.

35. Neste momento nosso espírito e nossa atenção se voltam aos votos que expressamos no começo, cuja concretização ardentemente imploramos ao Espírito Santo e não cessaremos de o fazer.

Ó veneráveis Irmãos, uni as nossas preces às vossas, e ao vosso apelo todos os povos juntem as suas, socorrendo-se todos da intervenção da Virgem Santíssima, Medianeira poderosa e gratíssima aos olhos de Deus. Conheceis de sobejo as suas relações íntimas e maravilhosas com o Espírito Santo, razão muito justa de Ela se chamar sua Esposa Imaculada. As súplicas desta Virgem, com efeito, muito contribuíram, tanto para se realizar o mistério da Encarnação como para que descesse o referido Paráclito na assembléia dos Apóstolos. Que Ela, portanto, mediante a sua intercessão, continue, na sua imensa bondade, a sufragar o nosso pedido coletivo para que, em todas as nações tão desgraçadamente atribuladas, o Divino Espírito restabeleça generoso aquelas maravilhas divinas, celebradas no vaticínio de Davi: **'Enviai o vosso Espírito e tudo será criado, e renovareis a face da terra'** (Sl 103,30).

36. Como auspício das dádivas celestes e em testemunho de nossa benevolência, damos a vós, veneráveis irmãos, ao vosso Clero e povo, muito afetuosamente no Senhor, a nossa Bênção Apostólica.

Dado em Roma, junto a S. Pedro, aos dias 9 de maio de 1897, no vigésimo ano do nosso pontificado.

LEÃO PP. XIII."[2]

Esta novena também é aconselhada como uma preparação para o batismo dos filhos, pois aí recebemos o Espírito Santo; para os crismandos, a fim de que o sacramento do crisma signifique de fato um Pentecostes na vida deles. Nas dioceses ou paróquias antes de alguma assembléia, para as decisões refletirem os verdadeiros propósitos de Deus. Nos grupos de oração, para interceder por um Novo Pentecostes. Na vida pessoal, em qualquer tempo do ano, para pedir mais vigor espiritual.

2. Leão XIII, A MISSÃO DO ESPÍRITO SANTO (Divinum Illud), nº 34-36

Capítulo dois

Quem é o Espírito Santo?

"A doutrina da Igreja que mais precisa ser enfatizada em nossos dias é a doutrina do Espírito Santo."

João XXIII

Quando o Cristo ressuscitado estava para voltar para junto do Pai, seus discípulos perguntaram: **"Senhor, é porventura agora que ides instaurar o reino de Israel?"** (At 1,6). A resposta de Jesus continua sendo a mesma em todos os tempos: **"Não vos pertence a vós saber os tempos nem os momentos que o Pai fixou em seu poder, mas descerá sobre vós o Espírito Santo e vos dará força; e sereis minhas testemunhas em Jerusalém, em toda a Judéia e Samaria e até os confins do mundo"** (At 1,7-8). Os cristãos preocupam-se com muitas coisas, mas não estão atentos ao principal de sua vida: buscar a plenitude do Espírito Santo. E por que o Espírito Santo é tão importante para a vida cristã? É ele quem nos faz encontrar Jesus de um modo real, dando-nos a mesma coragem dos discípulos que, ouvindo o chamado do Senhor, **"deixaram as redes e seguiram-no"** (Mc 1,18).

Um dos problemas da vida espiritual de muitos bons cristãos é não terem uma genuína experiência do Espírito Santo. Contentam-se em viver como cristãos comuns e não se questionam por não sentir o poder de Deus agindo neles e por meio deles. Infelizmente desconhecem o tesouro colocado a sua disposição, deixando de viver a vida abundante e feliz prometida por Jesus aos seus seguidores.

Ao falar a Nicodemos sobre o Espírito Santo, Nosso Senhor Jesus Cristo disse: **"O vento sopra onde quer; ouves-lhe o ruído, mas não sabes donde vem, nem para onde vai"** (Jo 3,8). É como se dissesse: o importante não é "ver" o Espírito Santo, mas reconhecê-lo e receber o efeito que ele produz.

Santa Teresa de Ávila, em uma Vigília de Pentecostes, estava em um lugar solitário rezando, quando sente a presença envolvente do Espírito Santo. Sua primeira reação foi louvar intensamente ao Senhor. Ao mesmo tempo, experimenta todo o seu ser tocado de um modo intenso pela presença divina. Por fim diz: "Na presença de tão bom Hóspede, o espírito se acalmou"[1].

Santa Verônica Giuliani, em seu diário espiritual, escreve: "Há alguns dias sinto em meu coração certa ação do Espírito Santo, mas não sei seu significado. Somente descrevo os efeitos da Sua presença; mal percebo em mim esta misteriosa ação, sinto-me de tal modo transformada e repleta de energia que todo trabalho me parece possível, mesmo os mais difíceis"[2].

A vida da beata italiana, Ângela de Foligno, é um belo exemplo de como o Espírito Santo pode se manifestar na vida de uma pessoa. Ela era casada com um homem muito rico, tinha lindos filhos e empregava seu tempo com todo tipo de prazer. Um dia perde marido e filhos e entra em completo desespero. Passa a andar pelas ruas desesperada. Por acaso entra em uma igreja, ouve um sermão e sente no coração o desejo de fazer uma peregrinação ao túmulo de São Francisco de Assis. E assim faz. Durante sua caminhada para Assis, em um momento de oração, ouve uma voz: "Você fez bem em recorrer ao meu servo Francisco, mas também eu posso dar-lhe apoio. Eu sou o Espírito Santo que habita em você. Se me amar, estarei sempre com você, não a abandonarei. Falarei ao seu coração e darei uma alegria que você

---

1. Sta. Teresa de Ávila. *Livro da Vida,* 38,9ss.
2. Santa Verônica Giuliani, *Un Tesoro nascosto,* VIII, 629-630.

ainda não experimentou". A partir desse momento, desaparece todo o desespero pela perda de sua família e nasce uma nova mulher. Por seu testemunho e palavras, milhares de pessoas também passaram a experimentar o poder de Deus agindo em sua vida.

O Espírito Santo é a chave para a vida sobrenatural. Quem se abre à sua ação transforma-se em uma pessoa ousada na fé, capaz de transformar as derrotas em vitórias, e as antigas dúvidas desaparecem para dar lugar à certeza do poder de Deus.

O Espírito Santo é uma pessoa

A Bíblia nos revela que o Espírito Santo é uma pessoa. Ao falar dele, Jesus usou a palavra "Ele", atribuindo-lhe um modo de ser e agir próprio de uma pessoa. Também revelou o Espírito Santo com personalidade completamente distinta do Pai e do Filho. Quando mandou os apóstolos evangelizarem e batizarem, foi muito claro: **"Ide, pois, e ensinai a todas as nações; batizai-as em nome do Pai, do Filho e do Espírito Santo"** (Mt 28,19).

Ele é criador: **"A terra estava informe e vazia; as trevas cobriam o abismo e o Espírito de Deus pairava sobre as águas"** (Gn 1,2).

Ele fala: **"Enquanto celebravam o culto do Senhor, depois de terem jejuado, disse-lhes o Espírito Santo: 'Separai-me Barnabé e Saulo para a obra a que os tenho destinado'"** (At 13,2).

Ele ensina: **"Mas o Paráclito, o Espírito Santo, que o Pai enviará em meu nome, ensinar-vos-á todas as coisas e vos recordará tudo o que vos tenho dito"** (Jo 14,26).

Ele testemunha: **"Quando vier o Paráclito, que vos enviarei da parte do Pai, o Espírito da Verdade, que procede do Pai, ele dará testemunho de mim"** (Jo 15,26).

Ele convence: **"Convém a vós que eu vá! Porque, se eu não for, o Paráclito não virá a vós; mas, se eu for, vo-lo enviarei. E, quando ele vier, convencerá o mundo a respeito do pecado, da justiça e do juízo"** (Jo 16,7-8).

Ele auxilia na fraqueza: **"Outrossim, o Espírito vem em auxílio à nossa fraqueza; porque não sabemos o que devemos pedir, nem orar como convém, mas o Espírito mesmo intercede por nós com gemidos inefáveis"** (Rm 8,26).

Esses versículos nos ajudam a entender que, quando o Espírito Santo age, acontece algo maravilhoso: as pessoas têm uma experiência íntima e forte da presença do amor de Deus atuando em sua vida. Imediatamente ganham força para começar vida nova (conversão), rompendo os laços com o pecado, libertando-se de vícios, sendo capazes de perdoar e encontrar uma nova alegria diante da vida. Jesus chamou essa experiência de novo nascimento e mostrou que é a condição para todos os que desejam segui-lo: **"Respondeu Jesus: 'Em verdade, em verdade te digo: quem não renascer da água e do Espírito não poderá entrar no Reino de Deus'"** (Jo 3,5).

A vida nova no Espírito começa na graça do santo batismo, conforme os ensinamentos de São Pedro, logo depois da vinda do Espírito Santo em Pentecostes: **"Pedro lhes respondeu: 'Arrependei-vos e cada um de vós seja batizado em nome de Jesus Cristo para remissão dos vossos pecados, e recebereis o dom do Espírito Santo'"** (At 2,38). Nesse momento somos santificados, tornamo-nos Templos — Moradas vivas do Espírito Santo, filhos adotivos de Deus, membros da Igreja de Jesus Cristo. Dado o passo do primeiro sacramento, normalmente recebemos a eucaristia e o crisma, em que o Espírito Santo é alimentado e confirmado. Alguns perseveram na vida com Deus, outros recebem em vão a graça divina.

Na verdadeira vida cristã somos guiados todos os dias pelo poder do alto. Por isso, é importante entender que a porta da sala do Cenáculo em Jerusalém não foi fechada depois do derramamento maravilhoso de Atos 2. Ali a Igreja foi batizada no Espírito, como também todos os que estavam no interior da sala. Naquele dia, começou o grande tempo do Espírito. Ele se tornou alma e força da Igreja e do povo de Deus.

A eficácia da fé e de nossos trabalhos de evangelização não depende somente de boa vontade e de bons planos pastorais; antes de tudo necessitamos de pessoas cheias do Espírito. Estas trazem no coração um profundo amor por Jesus e desejo de edificar a Igreja. Sem a revolução do Espírito não teremos forças para lançar as redes em águas mais profundas.

São João Crisóstomo, um dos mais importantes pregadores da antiguidade, afirma sobre o Espírito Santo: "Muitos dons nos enviou Jesus Cristo desde o céu, mas nenhum semelhante ao que nos enviou no dia de Pentecostes. E o mais consolador é que este dom continua sendo derramado todo dia sobre a terra. Nós enviamos ao céu nossa oração e nossa fé, e Jesus Cristo nos responde mandando-nos o Espírito Santo e seus dons".

Santo Agostinho em um dos seus sermões disse: "O Espírito Santo é para a Igreja e para o cristão como a alma é para o corpo. De que serve ter um corpo se não possui alma? Será somente um cadáver. Assim é o cristão: se não tem o Espírito Santo, tem nome de vivo, porém está morto".

Capítulo três

Os símbolos do Espírito Santo

"A Igreja tem um pai: Deus Pai. A Igreja tem um chefe: Jesus, filho de Deus. A Igreja tem uma alma: o Espírito Santo."

SÃO BASÍLIO

Além de apresentar o Espírito Santo com todas as características de uma pessoa, a Bíblia também usa uma série de símbolos e imagens. A finalidade é descrever como se realiza Sua obra na vida da Igreja e no coração dos cristãos.

Água: Assim como a água é indispensável para a vida, o Espírito Santo o é para a vida espiritual. Nossa gestação no ventre materno foi operada na água. Do mesmo modo, a água batismal significa nosso nascimento para a vida divina, doada pelo Espírito Santo. A fonte de onde jorra o Espírito Santo é Jesus: **"mas o que beber da água que eu lhe der jamais terá sede, porque a água que eu lhe der virá ser nele fonte de água, que jorrará até a vida eterna"** (Jo 4,14). Por isso, quem Nele crê **"do seu interior manarão rios de água viva"** (Jo 7,38). Assim como um deserto pode se transformar em um lugar fértil quando irrigado, o Espírito pode converter um coração de pedra em uma pessoa cheia da alegria da vida de Deus.

Fogo: Enquanto a água é símbolo da vida, o fogo é símbolo da energia do poder do Espírito Santo, agindo para transformar os batizados, conforme o ensinamento de João Batista: **"Eu vos batizo na água... Ele vos batizará no Espírito Santo e no fogo"** (Lc 3,16). Em Pentecostes, o Espírito Santo **"apareceu-lhes então como uma espécie de línguas de fogo"** (At 2,3), e os presentes na sala do Cenáculo foram transformados em novas criaturas, cheios de força, entusiasmo, coragem. Ficaram repletos do fogo de amor, fogo de generosidade, fogo de caridade sem limites.

Pomba: É o símbolo da paz, da esperança, da alegria de uma vida nova e harmoniosa. No fim do dilúvio, Noé solta uma pomba. **"Soltou também uma pomba, para ver se as águas teriam já diminuído na face da terra. A pomba, porém, não encontrando onde pousar, voltou para junto dele na arca, porque havia ainda água na face da terra. Noé estendeu a mão e, tendo-a tomado, recolheu-a na arca. Esperou mais sete dias e soltou de novo a pomba fora da arca. E eis que pela tarde ela voltou, trazendo no bico uma folha verde de oliveira. Assim Noé compreendeu que as águas tinham baixado sobre a terra"** (Gn 8,8-11). Quando Jesus sai das águas do Jordão, a água de seu batismo, **"o Espírito Santo desceu sobre ele em forma corpórea, como uma pomba"** (Lc 3,22). Esta é uma descrição da importância e da obra do Espírito Santo na vida dos cristãos. Só seremos o que Deus deseja mediante a ação do poder do alto em nosso coração.

Unção com óleo: A unção com óleo é sinônimo do Espírito Santo. Simboliza a força. É a unção, penetrante e perfumada, que consagra os sacerdotes, os profetas e os reis, mas especialmente Cristo que é o ungido, o Messias: **"O Espírito do Senhor está sobre mim, porque me ungiu..."** (Lc 4,18). Quando uma pessoa se abre à ação do Espírito, recebe a força (coragem) para viver de um modo novo e também anunciar as maravilhas de Deus. A verdadeira renovação do Espírito faz do cristão canal para comunicar ao mundo o poderoso amor de Deus.

Nuvem e Luz: São símbolos inseparáveis nas manifestações do Espírito Santo. É a nuvem luminosa da glória de Deus (Ex 24,18; 33,9-10), que cobre com sua sombra e revela a face de Deus; nuvem que acompanha as manifestações de Deus no AT, que desce sobre Maria na encarnação e a revela como tenda da morada de Deus (Lc 1,35), que envolve Jesus, Moisés, Elias e os discípulos no Tabor (Lc 9,34-35). É a mesma experiência concedida a todos aqueles que permitem a vinda do Espírito Santo em sua vida.

O selo: É um símbolo próximo ao da unção. Com efeito, é Cristo que **"Deus marcou com seu selo"** (Jo 6,27) e é nele que também o Pai nos marca com seu selo (2Cor 1,22; Ef 1,13; 4,30). O dom do Espírito é a garantia por parte de Deus de que recebemos a graça para iniciar uma vida de plenitude.

A mão: Ao impor as mãos, Jesus cura os doentes e abençoa as criancinhas. Em Nome dele, os apóstolos farão o mesmo. Também é pela imposição das mãos dos apóstolos que o Espírito Santo é dado.

O sopro: Expressa as ações ou expressões do Espírito divino. Pelo sopro divino surge a vida e pelo vento, o movimento. No início da criação, Deus formou o homem e **"inspirou-lhe nas narinas um sopro de vida e o homem se tornou um ser vivente"** (Gn 2,7). Jesus ressuscitado aparece aos apóstolos: **"soprou sobre eles, dizendo: 'Recebam o Espírito Santo'"** (Jo 20,22). Quando chegou o dia de Pentecostes, o sopro de um forte vento precedeu a chegada do Espírito (At 2,2).

Capítulo quatro

As novenas de Pentecostes

A novena é uma devoção de oração privada ou pública, praticada com a finalidade de obter alguma graça ou intenção especial. Como o próprio nome indica, são nove dias de oração intensa. A finalidade da novena de Pentecostes é alcançar a graça de renovar o poder do Espírito Santo na Igreja, na paróquia ou na vida pessoal. Por isso, é necessário que se tenha humildade, confiança e perseverança.

A novena de Pentecostes começa na sexta-feira precedente à solenidade da Ascensão do Senhor ou em qualquer tempo do ano para pedir a renovação do Espírito Santo ou alguma graça especial.

A Igreja recomenda que os exercícios de piedade e devoção estejam sempre ligados à vida sacramental. Por isso, durante a novena, quando se demonstra o desejo de uma união mais forte e íntima com Jesus, é necessário purificar o coração por meio da confissão. Se possível, esforçar-se para participar da missa diariamente e comungar. A Eucaristia é um encontro com Aquele que batiza no Espírito Santo, pois aí está o Cristo vivo. Ao distribuir a comunhão, Santo Efrém dizia: "Recebe o Corpo de Cristo e o fogo do Espírito". É recomendável, se possível, quando se faz a novena individualmente ou em grupo, recitá-la diante do Santíssimo Sacramento, o que não impede que seja feita em casa ou em qualquer outro lugar.

Sugestões para rezar a novena individualmente ou em grupo

1. Na medida do possível, fazer um pequeno oratório com um crucifixo, a imagem de Nossa Senhora, uma vela de 7 dias e um vaso com água benta. Se for em grupo pode ser recitada diante do Sacrário ou altar, e ainda no final da missa, antes da bênção final.

2. Recitar lentamente e com o coração as orações para saborear a presença de Deus.

3. Apresentar o propósito da novena. Esse tipo de oração é um eficaz meio de intercessão por um Novo Pentecostes; para vencer o pecado; para libertar-se dos vícios ou pedir por alguém nessa situação; para superar momentos de depressão, angústia, problemas familiares, ou dificuldades de qualquer outra ordem.

4. Ler o comentário da leitura e respeitar a pausa de silêncio para ouvir o que o Senhor tem a nos dizer. Como o jovem Samuel, dizer: **"Fala, Senhor, vosso servo escuta"** (1Sm 3,10).

5. Pedir a bênção de um sacerdote para rezar bem a novena.

NOVENA DOS NOVE PENTECOSTES

Oração inicial para todos os dias (se possível, rezar de joelhos)

Em nome do Pai, do Filho e do Espírito Santo. Amém.

Súplica ao Espírito Santo

Vinde, Espírito Santo, terníssimo Consolador. Minha alma suspira por Vós, meu coração tem sede de Vós. Só Vós podeis saciar meus anseios, só Vós podeis fazer-me feliz. Divino Esposo, não rejeiteis a morada de meu pobre coração. Sim,

V. Meu coração é impuro,
R. Mas podeis purificá-lo.

V. Meu coração é tenebroso,
R. Mas podeis iluminá-lo.

V. Meu coração é mau,
R. Mas podeis saciá-lo de amor.

V. Meu coração é triste,
R. Mas podeis consolá-lo.

V. Meu coração é fraco,
R. Mas podeis fortalecê-lo.

V. Meu coração é frio,
R. Mas podeis abrasá-lo.

V. Meu coração é terreno,
R. Mas podeis enchê-lo de desejos celestiais.

V. Meu coração é pecador,
R. Mas podeis orná-lo de todas as virtudes.

V. Meu coração é inconstante,
R. Mas podeis torná-lo perseverante.

Vinde, pois, ó Espírito Santo, Pai dos pobres, vinde, inundai-me de Vosso amor!

1º dia: O Pentecostes da Virgem Maria

Oração inicial

"No sexto mês, o anjo Gabriel foi enviado por Deus a uma cidade da Galiléia, chamada Nazaré, a uma virgem desposada com um homem que se chamava José, da casa de Davi e o nome da virgem era Maria. Entrando, o anjo disse-lhe: 'Ave, cheia de graça, o Senhor é contigo'. Perturbou-se ela com estas palavras e pôs-se a pensar no que significaria semelhante saudação. O anjo disse-lhe: 'Não temas, Maria, pois encontraste graça diante de Deus. Eis que conceberás e darás à luz um filho e lhe porás o nome de Jesus. Ele será

grande e chamar-se-á Filho do Altíssimo, e o Senhor Deus lhe dará o trono de seu pai Davi; e reinará eternamente na casa de Jacó, e o seu reino não terá fim'. Maria perguntou ao anjo: 'Como se fará isso, pois não conheço homem?'. Respondeu-lhe o anjo: 'O Espírito Santo descerá sobre ti, e a força do Altíssimo te envolverá com a sua sombra. Por isso o ente santo que nascer de ti será chamado Filho de Deus. Também Isabel, tua parenta, até ela concebeu um filho na sua velhice; e já está no sexto mês aquela que é tida por estéril, porque a Deus nenhuma coisa é impossível'. Então disse Maria: 'Eis aqui a serva do Senhor. Faça-se em mim segundo a tua palavra. E o anjo afastou-se dela'" (Lc 1,26-38).

O primeiro Pentecostes do Novo Testamento, entendido como a vinda do Espírito Santo, ocorreu na cidade de Nazaré. Tudo aconteceu de um modo muito simples e ao mesmo tempo sobrenatural. O anjo Gabriel surpreende Maria em um de seus momentos diários de oração. Eis um dos segredos da força espiritual dessa santa mulher: a oração pessoal. Ela era muito jovem, possivelmente tinha entre 14 e 16 anos, e Deus lhe apresenta um pedido, à primeira vista, impossível. Ela estava sendo escolhida para ser a mãe do Filho de Deus. Maria não tinha em que se apoiar para dar sua resposta, a ninguém Deus havia solicitado tão grande ato de fé. O anjo dá a resposta determinante: **"O Espírito Santo descerá sobre ti, e a força do Altíssimo te envolverá com a sua sombra. Por isso o ente santo que nascer de ti será chamado Filho de Deus"**. Havia problemas a ser solucionados: ela estava para se casar com José e não sabia como falar para ele da criança em seu ventre. Ela corria o risco de ser apedrejada, como era o costume dos judeus, no caso de noivas infiéis. Nesse momento o anjo Gabriel faz uma das revelações mais fortes e confortadoras da Escritura: **"porque a Deus nenhuma coisa é impossível"**. O cristianismo é obra do poder infinito de Deus. Todos os dias somos chamados a permitir que o Espírito Santo nos cubra com Sua sombra, porque com Deus nada é impossível.

Pausa de silêncio

Oremos

Ó Deus, o dom do Espírito Santo, que repousou sobre Maria e formou no seu ventre Jesus, possa renovar-nos para que todos os dias possamos acreditar que Vós sois o Deus dos impossíveis. Amém.

Oração final para todos os dias

Vem, Espírito Santo, inunda-nos!

Espírito do Pai, vivifica-nos!
Espírito do Filho, salva-nos!
Amor eterno, abrasa-nos,
Com Teu fogo, inflama-nos,
Com Tua luz, ilumina-nos.
Fonte viva, dessedenta-nos,
De nossos pecados, purifica-nos.
Por Tua unção, robustece-nos,
Com Teu consolo, recreia-nos,
Com Tua graça, guia-nos
E protege-nos com Teus anjos.
Não consintas jamais que nos separemos de Ti
E ouve nossa oração, Deus Espírito Santo.
Toca-nos com Teu dedo
E infunde-nos a torrente de virtudes.
Fortalece-nos com Teus dons,
Deleita-nos com Teus frutos.
Guarda-nos do inimigo mau,
Unge-nos para o combate derradeiro,
Ampara-nos na hora da morte.
Chama-nos, então, para junto de Ti,
Para louvar toda a eternidade,
O Pai, o Filho e a Ti,
Com todos os santos, ó doce Consolador.
Amém.

2º dia: O Pentecostes de Isabel e João Batista

Oração inicial

"Naqueles dias, Maria se levantou e foi às pressas às montanhas, a uma cidade de Judá. Entrou em casa de Zacarias e saudou Isabel. Ora, apenas Isabel ouviu a saudação de Maria, a criança estremeceu no seu seio; e Isabel ficou cheia do Espírito Santo. E exclamou em alta voz: 'Bendita és tu entre as mulheres e bendito é o fruto do teu ventre. Donde me vem esta honra de vir a mim a mãe de meu Senhor? Pois assim que a voz de tua saudação chegou aos meus ouvidos, a criança estremeceu de alegria no meu seio. Bem-aventurada és tu que creste, pois se hão de cumprir as coisas que da parte do Senhor te foram ditas!'" (Lc 1,39-46).

Quando a Virgem chegou à casa da Isabel e a saudou, aquela casa ficou cheia da glória de Deus. Por meio da presença de Jesus em Maria, o Espírito Santo é derramado sobre duas pessoas: o bebê João Batista, que saltou de alegria no seio da mãe, cumprindo-se aí a profecia de Lucas 1,15: **"e desde o ventre de sua mãe será cheio do Espírito Santo"**, e Isabel. O efeito da ação do Espírito é levar a pessoa a louvar a Deus por estar cheia dessa presença divina e transbordante de alegria, como fez Isabel: **"Bendita és tu entre as mulheres e bendito é o fruto do teu ventre. Donde me vem esta honra de vir a mim a mãe de meu Senhor?".** Cheio do Espírito, o cristão tem o poder de fazer jorrar a unção de Deus sobre as pessoas e o ambiente.

Pausa de silêncio

Oremos

Ó Pai de Amor, do mesmo modo como João Batista e sua mãe Isabel ficaram cheios do Espírito Santo, visitai-nos nesta novena, dando-nos esta mesma plenitude do poder do alto, para que assim também possamos proclamar Vossas maravilhas. Amém.

Oração final

3º dia: Jesus e Seu batismo no Espírito

Oração inicial

"Quando todo o povo ia sendo batizado, também Jesus o foi. E, estando ele a orar, o céu se abriu e o Espírito Santo desceu sobre ele em forma corpórea, como uma pomba; e veio do céu uma voz: 'Tu és o meu Filho bem-amado; em ti ponho minha afeição'" (Lc 3,21-22).

Desde sua concepção no seio da Virgem Maria, Jesus contou com a ação do Espírito Santo. No início de seu ministério não podia ser diferente. Ele veio para inaugurar o novo tempo do Espírito. Ensinou a necessidade de nascer de novo (cf. Jo 3,3). Em diversas ocasiões falou da importância do Espírito Santo para a vida de seus seguidores. Pouco antes da Ascensão, ordenou aos discípulos que não iniciassem nenhum trabalho apostólico, sem antes terem a certeza da plenitude do Espírito (cf. Lc 24,49). João Batista indica essa característica da missão de Jesus afirmando: **"Eu vos batizo na água, mas eis que vem outro mais poderoso do que eu, a quem não sou digno de lhe desatar a correia das sandálias; ele vos batizará no Espírito Santo e no fogo"** (Lc 3,16). O ato de submeter-se ao batismo de João teve duas intenções principais: revelar sua missão como Aquele que veio para tirar os pecados dos homens e ser batizado no Espírito. A vinda do Espírito em forma de pomba confirma a autoridade de Jesus, por meio também de uma voz do céu: **"Tu és o meu Filho bem-amado; em ti ponho minha afeição"** (Lc 3,22). Jesus queria que seus seguidores entendessem que o cristianismo vivido sem o poder do Espírito não passa de um belo conjunto de idéias. Por meio da ação do Espírito, Jesus continua sua obra em nossa vida de um modo real. Ele quer incendiar nossa vida com o fogo do Espírito.

Pausa de silêncio

Oremos

Ó Pai, queremos pedir uma renovação do poder do Espírito Santo recebido na graça de nosso batismo. Não queremos viver como cristãos comuns, sem que algo aconteça conosco ou por meio de nós. Revesti-nos com o poder do alto para podermos viver nossa fé de modo abundante. Amém.

Oração final

4º dia: O Espírito Santo na tarde da Páscoa

Oração inicial

"Na tarde do mesmo dia, que era o primeiro da semana, os discípulos tinham fechado as portas do lugar onde se achavam, por medo dos judeus. Jesus veio e pôs-se no meio deles. Disse-lhes ele: 'A paz esteja convosco!'. Dito isso, mostrou-lhes as mãos e o lado. Os discípulos alegraram-se ao ver o Senhor. Disse-lhes outra vez: 'A paz esteja convosco!. Como o Pai me enviou, assim também eu vos envio a vós'. Depois dessas palavras, soprou sobre eles dizendo-lhes: 'Recebei o Espírito Santo. Aqueles a quem perdoardes os pecados, ser-lhes-ão perdoados; aqueles a quem os retiverdes, ser-lhes-ão retidos'" (Jo 20,19-23).

Nosso Senhor Jesus Cristo ressuscitado, não mais limitado às leis da vida física, revestido com o corpo espiritual, atravessa primeiro as paredes da sala do Cenáculo, para aí entrar no coração cheio de medo dos discípulos, dando-lhes o efeito da sua presença: a paz. Imediatamente o medo dá lugar à confiança, testemunhada pela alegria. Neste quarto dia da novena de Pentecostes, tenhamos a coragem de permitir que Jesus atravesse as paredes de nossas emoções feridas para também curá-las. Quantas experiências negativas têm envenenado nossa saúde emocional na caminhada da vida! Quanta falta de amor, sentimentos de culpa, complexos, desânimos, mágoas, sonhos não realizados. Tais situações afetam nosso interior, com conseqüências negativas no relacionamento familiar e com outras pessoas. Jesus repete para nós: **"A paz esteja convosco!"**, e sopra dizendo-nos: **"Recebei o Espírito Santo"**. Ele nos dá a vida nova no Espírito, por meio da qual somos renovados interiormente.

Pausa de silêncio

Oremos

Ó Deus de infinito poder, que por meio do Cristo ressuscitado, na tarde da Páscoa, libertastes do medo os discípulos, iluminando seus corações com as luzes do Espírito Santo, concedei-nos a graça de amarmos neste mesmo Espírito o que é bom e sempre nos alegrarmos com sua consolação. Amém.

Oração final

5º dia: O Pentecostes de Jerusalém

Oração inicial

"Chegando o dia de Pentecostes, estavam todos reunidos no mesmo lugar. De repente, veio do céu um ruído, como se soprasse um vento impetuoso, e encheu toda a casa onde estavam sentados. Apareceu-lhes então uma espécie de línguas de fogo que se repartiram e pousaram sobre cada um deles. Ficaram todos cheios do Espírito Santo e começaram a falar em línguas, conforme o Espírito Santo lhes concedia que falassem" (At 2,1-4).

A irmã Elena Guerra, conhecida como apóstola do Espírito Santo, escreve sobre esse momento tão forte da vida da Igreja e dos cristãos:

> "Do milagre de Pentecostes somente os primeiros fiéis deveriam aproveitar os seus santíssimos frutos? Estamos privados de tão grande dádiva? Tal coisa não é permitida pela infinita caridade de Deus, isto é, o Espírito Santo, que ama todos os cristãos com infinito amor, e a todos Ele se dá com a efusão de sua graça e dos seus dons. Infeliz quem não sente em si crescer e progredir a obra santificadora do divino Amor. Esta obra, graças à qual temos iluminados e santos pensamentos na mente, devotos afetos e boas decisões no coração. Esta obra, graças à qual realizamos dignos frutos de virtude. Infeliz quem se opõe às operações santificadoras do Espírito Santo, que deseja em nós continuar a obra de amor iniciada no Cenáculo... nós não temos que invejar em nada

os apóstolos e os primeiros cristãos. Somente devemos, como eles, dispor-nos a receber o Espírito Santo, orando com fervor e esperando com confiança" (Manuscrito III).

Pausa de silêncio

Oremos

Dai-nos, Senhor, um novo derramar do Espírito Santo, tão forte e cheio de sinais sobrenaturais quanto o Pentecostes do Cenáculo de Jerusalém. Concedei-nos os dons para o crescimento na santidade de vida e os mais necessários para a edificação da Igreja. Amém.

Oração final

6º dia: O Pentecostes da Samaria

Oração inicial

"Os apóstolos que se achavam em Jerusalém, tendo ouvido que a Samaria recebera a palavra de Deus, enviaram-lhe Pedro e João. Estes, assim que chegaram, fizeram oração pelos novos fiéis, a fim de receberem o Espírito Santo, visto que não havia descido ainda sobre nenhum deles, mas tinham sido somente batizados em nome do Senhor Jesus. Então os dois apóstolos lhes impuseram as mãos e receberam o Espírito Santo. Quando Simão viu que se dava o Espírito Santo por meio da imposição das mãos dos apóstolos, ofereceu-lhes dinheiro, dizendo: 'Dai-me também este poder, para que todo aquele a quem impuser as mãos receba o Espírito Santo'" (At 8,14-18).

Na Samaria tinha pregado Felipe, e a multidão o seguia pelos muitos milagres que realizava: **"foram curados muitos paralíticos e coxos"** (At 8,7b). Vieram Pedro e João e oraram sobre eles para que recebessem o Espírito Santo, pois este ainda não tinha vindo sobre nenhum deles. Só tinham sido batizados no nome do Senhor Jesus. **"Então os dois apóstolos lhes impuseram as mãos e receberam o Espírito Santo"** (At 8,17). Somos colocados diante de um dos modos como o Espírito Santo era dado: com a "imposição das mãos".

Esses cristãos receberam o batismo no Espírito. Frei Raniero Cantalamessa, um dos pregadores oficiais da Casa Pontifícia, em uma entrevista em Castel Gandolfo, Itália, em 23 de setembro de 2003, explicou:

> "O batismo no Espírito não é uma invenção humana, é uma invenção divina. É uma renovação do batismo e de toda a vida cristã, de todos os sacramentos. Para mim foi também uma renovação de minha profissão religiosa, de minha confirmação, de minha ordenação sacerdotal. Todo o organismo espiritual se reaviva como quando o vento sopra sobre uma chama. Por que o Senhor decidiu atuar neste tempo desta maneira tão forte? Não sabemos. É a graça de um novo Pentecostes. Não é que a Renovação Carismática tenha inventado o batismo no Espírito. De fato, muitos o receberam sem saber nada da Renovação Carismática. É uma graça; depende do Espírito Santo. É uma vinda do Espírito Santo que se traduz em arrependimento dos pecados, que faz ver a vida de uma maneira nova, que revela Jesus como o Senhor vivo — não como um personagem do passado — e a Bíblia se converte em uma palavra viva. A verdade é que não se pode explicar".

Não existe um único meio para receber a renovação espiritual: Maria a recebeu, quando estava só; Isabel e João Batista, quando ouviram a saudação de Nossa Senhora; os primeiros cristãos, quando estavam juntos no Cenáculo; outros, pela imposição de mãos. E nós, por meio desta novena, também podemos receber o Espírito. Basta pedir.

Pausa de silêncio

Oremos

Nós Vos pedimos, Senhor Deus, fazei que o Espírito Santo nos abrase com aquele fogo que Nosso Senhor Jesus Cristo enviou à terra e que Ele quis que ardesse com poder no coração de todos os seus discípulos. Amém.

Oração final

7º dia: O Pentecostes de São Paulo

Oração inicial

"Havia em Damasco um discípulo chamado Ananias. O Senhor, numa visão, lhe disse: 'Ananias'!. 'Eis-me aqui, Senhor', respondeu ele. O Senhor lhe ordenou: 'Levanta-te e vai à rua Direita, e pergunta em casa de Judas por um homem de Tarso, chamado Saulo; ele está orando'. (Este via numa visão um homem, chamado Ananias, entrar e impor-lhe as mãos para recobrar a vista.) Ananias respondeu: 'Senhor, muitos já me falaram deste homem, quantos males fez aos teus fiéis em Jerusalém. E aqui ele tem poder dos príncipes dos sacerdotes para prender a todos aqueles que invocam o teu nome'. Mas o Senhor lhe disse: 'Vai, porque este homem é para mim um instrumento escolhido, que levará o meu nome diante das nações, dos reis e dos filhos de Israel. Eu lhe mostrarei tudo o que terá de padecer pelo meu nome'. Ananias foi. Entrou na casa e, impondo-lhe as mãos, disse: 'Saulo, meu irmão, o Senhor, esse Jesus que te apareceu no caminho, enviou-me para que recobres a vista e fiques cheio do Espírito Santo'" (At 9,10-17).

Durante a viagem a Damasco, com o propósito de perseguir os cristãos, Paulo se viu de repente rodeado de uma grande luz, caiu em terra e ficou cego. Nesse instante ouve uma voz que lhe diz: **Saulo, Saulo, por que me persegue? Ele respondeu: Quem é, Senhor? E Ele: Eu sou Jesus a quem você persegue. Levante-se e entre na cidade e aí lhe será dito o que tem de fazer** (At 9,4-6). Deus poderia ter completado a obra de restauração de Paulo sozinho. Em vez disso, escolhe um homem simples e bom chamado Ananias para levar a salvação àquele que se considerava sábio, mas não possuía a verdadeira sabedoria de Deus. Ananias, dócil ao Espírito Santo, para realizar a obra que lhe estava sendo confiada, deixou-se curar de seus preconceitos para com Paulo. Quantas vezes perdemos oportunidades de levar pessoas a Cristo por estarmos contaminados com nossas reservas humanas em relação a elas. Paulo foi curado de seu orgulho para aceitar o anúncio do evangelho e a oração de um homem sem muita instrução. Uma pequena vela pode acender uma grande luz.

Pausa de silêncio

Oremos

Ó Deus de infinita misericórdia, que não olhais para nossos pecados, mas para o propósito de viver uma nova vida; vinde em socorro da nossa fraqueza, enchendo-nos com o mesmo Espírito Santo que removeu as escamas dos olhos de Paulo e o transformou em uma nova criatura. Enviai-nos o Vosso Espírito e seremos renovados. Amém.

Oração final

8º dia: O Pentecostes na casa de Cornélio

Oração inicial

"Estando Pedro ainda a falar, o Espírito Santo desceu sobre todos os que ouviam a [santa] palavra. Os fiéis da circuncisão, que tinham vindo com Pedro, profundamente se admiraram, vendo que o dom do Espírito Santo era derramado também sobre os pagãos; pois eles os ouviam falar em outras línguas e glorificar a Deus. Então Pedro tomou a palavra: 'Porventura pode-se negar a água do batismo a estes que receberam o Espírito Santo como nós?'. E mandou que fossem batizados em nome de Jesus Cristo. Rogaram-lhe então que ficasse com eles por alguns dias" (At 10,44-48).

Na casa de Cornélio acontece um novo Pentecostes, o Pentecostes dos pagãos. Novamente, o Espírito Santo surpreende, do mesmo modo como Pedro se surpreende quando recebe a visão de uma toalha com coisas impuras e profanas (cf. At 10,11-16) e não entende seu significado. Então o Espírito Santo lhe diz: **"Eis aí dois homens que te procuram. Levanta-te! Desce e vai com eles sem hesitar, porque sou eu quem os enviou"** (At 10,19-20). Esses homens explicam que um centurião chamado Cornélio **"recebeu dum santo anjo o aviso de te mandar chamar à sua casa e de ouvir as tuas**

palavras" (At 10,22). Humanamente, Pedro jamais iria à casa desse homem para pregar o evangelho, pois seria, segundo a mentalidade dos judeus, um meio de contaminação. Porém, como Pedro era dócil ao Espírito Santo, permitiu que este lhe renovasse a mente. Assim, Cornélio, sua família e seus amigos foram salvos. Ter a visão de Pentecostes significa compreender que ninguém está excluído de receber esse poder. Peçamos uma mudança de mentalidade para viver na plenitude do Espírito e levar outras pessoas à mesma experiência.

Pausa de silêncio

Oremos

Nós Vos suplicamos, Senhor, que nos assista a força do Espírito Santo e, por vossa infinita bondade, purificai nossos corações e nos defendei de todas as adversidades. Amém.

Oração final

9º dia: O Pentecostes de Éfeso

Oração inicial

"Enquanto Apolo estava em Corinto, Paulo atravessou as províncias superiores e chegou a Éfeso, onde achou alguns discípulos e indagou deles: 'Recebestes o Espírito Santo quando abraçastes a fé?'. Responderam-lhe: 'Não, nem sequer ouvimos dizer que há um Espírito'. 'Então em que batismo fostes batizados?', perguntou Paulo. Disseram: 'No batismo de João'. Paulo então replicou: 'João só dava um batismo de penitência, dizendo ao povo que cresse naquele que havia de vir depois dele, isto é, em Jesus'. Ouvindo isso, foram batizados em nome do Senhor Jesus. E, quando Paulo lhes impôs as mãos, o Espírito Santo desceu sobre eles, e falavam em línguas estranhas e profetizavam" (At 19,1-6).

Caso se encontrasse conosco, Paulo faria uma pergunta diferente: "Vocês, que receberam o Espírito Santo no batismo, estão deixando que Ele aja em suas vidas?". Esta é a triste situação de muitos cristãos hoje que possuem o Espírito, mas não vivem Seu poder. Daí a necessidade de pedir uma renovação dessa graça, uma efusão para avivar a chama do fogo de Pentecostes. Não tenhamos medo de deixar o Espírito Santo agir em nossa vida. Se não permitirmos ao Espírito Santo limpar nossos pecados, nossas más tendências, nossos maus desejos, nossa fé azedará dentro de nós e tornará difícil a comunhão com Deus e os irmãos.

Pausa de silêncio

Oremos

Fazei, Senhor, que a efusão do Espírito Santo purifique nossos corações e os fecunde por uma íntima aspersão de seu orvalho e, ao mesmo tempo, nos inflame com seu fogo. Que jamais entristeçamos o Espírito Santo recebido no batismo, mas possamos sempre deixá-lo agir com toda a liberdade para nosso crescimento em Cristo Jesus. Amém.

Oração final
Ladainha do Espírito Santo
para o último dia da novena

Senhor, tende piedade de nós.
Cristo, tende piedade de nós.
Senhor, tende piedade de nós.
Divino Espírito Santo, ouvi-nos.
Espírito Paráclito, atendei-nos.
Deus Pai dos céus, tende piedade de nós.
Deus Filho, redentor do mundo, tende piedade de nós.
Deus Espírito Santo, tende piedade de nós.
Santíssima Trindade, que sois um só Deus,
tende piedade de nós.
Espírito da verdade, tende piedade de nós.
Espírito da sabedoria, tende piedade de nós.
Espírito da inteligência, tende piedade de nós.
Espírito da fortaleza, tende piedade de nós.
Espírito da piedade, tende piedade de nós.

Espírito do bom conselho, tende piedade de nós.
Espírito da ciência, tende piedade de nós.
Espírito do santo temor, tende piedade de nós.
Espírito da caridade, tende piedade de nós.
Espírito da alegria, tende piedade de nós.
Espírito da paz, tende piedade de nós.
Espírito das virtudes, tende piedade de nós.
Espírito de toda a graça, tende piedade de nós.
Espírito da adoção dos filhos de Deus, tende piedade de nós.
Purificador das nossas almas, tende piedade de nós.
Santificador e guia da Igreja católica,
tende piedade de nós.
Distribuidor dos bens celestes, tende piedade de nós.
Conhecedor dos pensamentos e das intenções do coração,
tende piedade de nós.
Doçura dos que começam a vos servir, tende piedade de nós.
Coroa dos perfeitos, tende piedade de nós.
Alegria dos anjos, tende piedade de nós.
Luz dos patriarcas, tende piedade de nós.
Inspiração dos profetas, tende piedade de nós.
Palavra e sabedoria dos apóstolos, tende piedade de nós.
Vitória dos mártires, tende piedade de nós.
Ciência dos confessores, tende piedade de nós.
Pureza das virgens, tende piedade de nós.
Unção de todos os santos, tende piedade de nós.
Sede-nos propício, perdoai-nos, Senhor.
Sede-nos propício, atendei-nos, Senhor.
De todo o pecado, livrai-nos, Senhor.
De todas as tentações e ciladas do demônio, livrai-nos, Senhor.
De toda a presunção e desesperação, livrai-nos,
Senhor.
Do ataque à verdade conhecida, livrai-nos, Senhor.
Da inveja da graça fraterna, livrai-nos, Senhor.
De toda a obstinação e impenitência, livrai-nos,
Senhor.
De toda a negligência e tepidez do espírito, livrai-nos, Senhor.
De toda a impureza da mente e do corpo,
livrai-nos, Senhor.

De todas as heresias e erros, livrai-nos, Senhor.
De todo o mau espírito, livrai-nos, Senhor.
Da morte má e eterna, livrai-nos, Senhor.
Pela vossa eterna procedência do Pai e do Filho, livrai-nos, Senhor.
Pela milagrosa conceição do Filho de Deus, livrai-nos, Senhor.
Pela vossa descida sobre Jesus Cristo batizado, livrai-nos, Senhor.
Pela vossa santa aparição na transfiguração do Senhor, livrai-nos, Senhor.
Pela vossa vinda sobre os discípulos do Senhor, livrai-nos, Senhor.
No dia do juízo, livrai-nos, Senhor.
Ainda que pecadores, nós vos rogamos, ouvi-nos.
Para que nos perdoeis, nós vos rogamos, ouvi-nos.
Para que vos digneis santificar todos os membros da Igreja, nós vos rogamos, ouvi-nos.
Para que vos digneis conceder-nos o dom da verdadeira piedade, devoção e oração, nós vos rogamos, ouvi-nos.
Para que vos digneis inspirar-nos sinceros afetos de misericórdia e de caridade, nós vos rogamos, ouvi-nos.
Para que vos digneis criar em nós um espírito novo e um coração puro, nós vos rogamos, ouvi-nos.
Para que vos digneis conceder-nos verdadeira paz e tranqüilidade do coração, nós vos rogamos, ouvi-nos.
Para que vos digneis fazer-nos dignos e fortes, para suportar as perseguições pela justiça, nós vos rogamos, ouvi-nos.
Para que vos digneis confirmar-nos em vossa graça, nós vos rogamos, ouvi-nos.
Para que vos digneis receber-nos no número dos vossos eleitos, nós vos rogamos, ouvi-nos.
Para que vos digneis ouvir-nos, nós vos rogamos, ouvi-nos.
Espírito de Deus, nós vos rogamos, ouvi-nos.
Cordeiro de Deus, que tirais os pecados do mundo, enviai-nos o Espírito Santo.
Cordeiro de Deus, que tirais os pecados do mundo, mandai-nos o Espírito prometido do Pai.

Cordeiro de Deus, que tirais os pecados do mundo,
dai-nos o Espírito bom.
Espírito Santo, ouvi-nos.

Espírito Consolador, atendei-nos.

V. Enviai o Vosso Espírito e tudo será criado.

R. E renovareis a face da terra.

Oremos

Deus, que instruístes os corações dos vossos fiéis com a luz do Espírito Santo, concedei-nos que no mesmo Espírito conheçamos o que é reto e gozemos sempre suas consolações.

Por Cristo, Nosso Senhor. Amém.

NOVENA DE PENTECOSTES COM OS SÍMBOLOS DO ESPÍRITO

Oração inicial para todos os dias

Em nome do Pai, do Filho e do Espírito Santo. Amém.

Ó Deus de infinito amor que enviastes o Espírito Santo em Pentecostes, na sala do Cenáculo de Jesuralém, peço humildemente que me concedais um novo Pentecostes, com os mesmos sinais e prodígios, não somente para mim, mas também para toda a Igreja. Apresento também as seguintes graças que espero receber por meio desta novena ....
....

Hino "Veni Creator Spiritus"
(se possível, rezar de joelhos)

Vinde, Espírito Criador, visitai as almas dos vossos fiéis e enchei da graça divina os corações que Vós próprio criastes.

Vós derramais sobre nós os sete dons;

Vós, o dedo da mão de Deus;

Vós, o prometido do Pai;

Vós que pondes nos nossos lábios os tesouros da Vossa palavra.

Acendei com a Vossa luz a nossa inteligência,

Infundi o Vosso amor nos nossos corações;

E, com o Vosso perpétuo auxílio, fortalecei a nossa débil carne.

Primeiro dia

Oração inicial

"A terra estava informe e vazia;
as trevas cobriam o abismo e o Espírito de Deus
pairava sobre as águas" (Gn 1,2).

Ó Espírito Santo!

Fonte viva de divinas águas que, na criação do mundo, santificastes as imensas águas que rodeavam o mundo e as águas do Jordão no batismo de Jesus Cristo, Senhor Nosso.

Eu Vos suplico que sejais em meu Espírito, tão árido e seco, a Sagrada fonte de água viva, que jamais se esgota e brota até a vida eterna.

É a graça que Vos peço nesta novena, se é para maior glória vossa e bem de minha alma. Amém.

Pausa de silêncio

Rezar um Pai-nosso e três Ave-marias

Oração final para todos os dias

Oração de Efusão do Espírito
(se possível, rezar de joelhos)

Jesus, eu sei que Te pertenço e que Tu me pertences para sempre.

Eu Te dou graças por me teres infundido Teu Espírito, por meio dos Sacramentos do Batismo e da Confirmação, para que eu pudesse viver uma vida nova contigo.

Renova agora em mim Teu Espírito, faz esse Espírito transbordar em mim.

Concede-me uma nova plenitude do Teu Espírito, para que eu encontre uma luz nova nas Escrituras e apure o gosto e a perseverança na oração.

Que eu possa ver-Te sempre que recebo os Sacramentos.
que eu ame como Tu amas,
que eu perdoe como Tu perdoas,
que eu interceda como Tu intercedes,
que eu testemunhe, tal como Tu testemunhaste a Verdade,
que eu utilize os dons que me concedes para o bem do Teu povo,
que eu goze a Paz que prometeste.
Enche-me do Teu Espírito, ó Senhor,
Porque eu quero ser transformado e
Acolher em mim tudo o que Tu me queres dar!

Segundo dia

Oração inicial

"Respondeu-lhe o anjo: 'O Espírito Santo descerá sobre ti, e a força do Altíssimo te envolverá com a sua sombra. Por isso o ente santo que nascer de ti será chamado Filho de Deus'" (Lc 1,35).

Ó Espírito Santo!

Que fazendo sombra com vossa virtude altíssima à puríssima Virgem Maria, e a transbordando ao mesmo tempo de graça, fizestes de um modo inefável e onipotente a obra infinita da Encarnação do Verbo Eterno, no seio virginal de vossa celestial Esposa.

Fazei sombra à minha alma e concedei-me a graça necessária para que eu seja digno de receber o mesmo Verbo divino feito homem e Sacramentado por meu amor na Eucaristia.

É a graça especial que Vos peço nesta novena, se é para maior glória vossa e bem de minha alma. Amém.

Pausa de silêncio

Rezar um Pai-nosso e três Ave-marias

Oração final

Terceiro dia

Oração inicial

"Quando todo o povo ia sendo batizado, também Jesus o foi. E, estando ele a orar, o céu se abriu e o Espírito Santo desceu sobre ele em forma corpórea, como uma pomba; e veio do céu uma voz: 'Tu és o meu Filho bem-amado; em ti ponho minha afeição'" (Lc 3,21-22).

Ó Espírito Santo!

Celestial pomba que, abrindo de par em par os céus, descestes sobre Jesus já batizado no Jordão, simbolizando que, desde esse momento em que tomou a natureza humana, habitava Nele a plenitude da Divindade.

Vinde sobre mim pobre e miserável e enchei-me do dom de sabedoria, de conselho, de entendimento e fortaleza, de ciência, piedade e de temor de Deus.

É a graça que Vos peço nesta novena, se é para maior glória vossa e bem de minha alma. Amém.

Pausa de silêncio

Rezar um Pai-nosso e três Ave-marias

Oração final

Quarto dia

Oração inicial

"Seis dias depois, Jesus tomou consigo Pedro, Tiago e João, seu irmão, e conduziu-os à parte a uma alta montanha. Lá se transfigurou na presença deles:

seu rosto brilhou como o sol, suas vestes tornaram-se resplandecentes de brancura" (Mt 17,1-2).

Ó Espírito Santo!

Nuvem lúcida que, fazendo no Tabor sombra a Jesus transfigurado e glorioso, ilustrastes aquele Santo monte e amparastes em seu excessivo temor aos apóstolos, comunicando-lhes depois da Ascensão de seu Divino Mestre muita luz, fervor e graça.

Ilustrai, protegei e fecundai minha alma para que eu seja digno discípulo de Jesus.

É a graça que Vos peço nesta novena, se é para maior glória vossa e bem de minha alma. Amém.

Pausa de silêncio

Rezar um Pai-nosso e três Ave-marias

Oração final

Quinto dia

Oração inicial

"Mas descerá sobre vós o Espírito Santo e vos dará força; e sereis minhas testemunhas em Jerusalém, em toda a Judéia e Samaria e até os confins do mundo" (At 1,8).

Ó Espírito Santo!

Poder do alto prometido para dar força aos santos apóstolos, e capacitá-los a dar testemunho do amor divino diante dos homens.

Ó Luz do alto!

Renovai-me com essa mesma força de entusiasmo e levai-me a falar com desassombro das maravilhas de Deus.

Ó Luz beatíssima!

Iluminai todos os lugares tenebrosos de meu interior, para que Vos conheça e dê a conhecer a todo o mundo.

É a graça que Vos peço nesta novena, se é para maior glória vossa e bem de minha alma. Amém.

Pausa de silêncio

Rezar um Pai-nosso e três Ave-marias

Oração final

Sexto dia

Oração inicial

"De repente, veio do céu um ruído, como se soprasse um vento impetuoso, e encheu toda a casa onde estavam sentados" (At 2,2).

Ó Espírito Santo!

Suave vento que teve o Cenáculo e deu força e valor aos corações de quantos Vos esperavam, orando fervorosamente unidos com alma e coração.

Ó Espírito de vida e amor!

Enchei toda a casa de meu pequeno espírito, minha memória, meu entendimento e minha vontade.

É a graça que Vos peço nesta novena, se é para maior glória vossa e bem de minha alma. Amém.

Pausa de silêncio

Rezar um Pai-nosso e três Ave-marias

Oração final

Sétimo Dia

Oração inicial

"Apareceu-lhes então uma espécie de línguas de fogo que se repartiram e pousaram sobre cada um deles" (At 2,3).

Ó Espírito Santo!

Sagrado fogo que, aparecendo visível sobre os apóstolos no dia de Pentecostes, inflamastes divinamente seus corações para que, abrasados em vosso amor, incendiassem depois a todo o mundo nas mesmas sagradas chamas.

Acendei em vossos Santíssimos ardores meu coração gelado, para que, abrasado meu espírito Neles, acenda em vosso divino amor a quantas pessoas eu conheça.

É a graça que Vos peço nesta novena, se é para maior glória vossa e bem de minha alma. Amém.

Pausa de silêncio

Rezar um Pai-nosso e três Ave-marias

Oração final

Oitavo dia

Oração inicial

"Ficaram todos cheios do Espírito Santo e começaram a falar em línguas, conforme o Espírito Santo lhes concedia que falassem" (At 2,4).

Ó Espírito Santo!

Chama ardente de caridade que, com o fogo de vosso amor inflamando o coração dos santos apóstolos e de todos os homens apostólicos, lhes destes o dom de línguas para a conversão do mundo.

Inflamai, Sagrado Fogo de Amor, meu coração e minha língua para que, sempre governado por vosso Espírito e fervoroso na caridade, inflame todos a fim de que observem fielmente vossos divinos mandamentos.

É a graça que Vos peço nesta novena, se é para maior glória vossa e bem de minha alma. Amém.

Pausa de silêncio

Rezar um Pai-nosso e três Ave-marias

Oração final

Nono dia

Oração inicial

"A cada um é dada a manifestação do Espírito para proveito comum. A um é dada pelo Espírito uma palavra de sabedoria; a outro, uma palavra de ciência, por esse mesmo Espírito; a outro, a fé, pelo mesmo Espírito; a outro, a graça de curar as doenças, no mesmo Espírito; a outro, o dom de milagres; a outro, a profecia; a outro, o discernimento dos espíritos; a outro, a variedade de línguas; a outro, por fim, a interpretação das línguas. Mas um e o mesmo Espírito distribui todos estes dons, repartindo a cada um como lhe apraz"
(1Cor 12,7-11).

Ó Espírito Santo!

Amor derramado nos corações humanos para preenchê-los com tudo o que necessita a vida espiritual, capacitai-me para comunicar com alegria este amor a todos os homens.

Ó Caridade santíssima!

Infundi em meu coração os dons mais necessários para que eu colabore na edificação da Igreja e que com eles publique vossas grandezas.

Ó Deus misericordioso!

Vós, que antigamente enchestes neste dia os peitos apostólicos de vossa graça, dai-nos Vossos divinos carismas, concedei-nos tempos tranqüilos.

E confirmai as graças que Vos temos pedido nesta novena, se são para maior glória vossa e bem de nossas almas. Amém.

Pausa de silêncio

Rezar um Pai-nosso e três Ave-marias

Oração final

NOVENA DE PENTECOSTES
PARA PEDIR OS DONS DO ESPÍRITO SANTO

Oração inicial para todos os dias

Em nome do Pai, do Filho e do Espírito Santo. Amém.

Espírito Santo, ficai comigo e derramai sobre mim Vossas divinas bênçãos. Dai-me a graça de fazer desta novena a ocasião para viver um Novo Pentecostes. Renovai-me com Vosso poder e capacitai-me a testemunhar Jesus Cristo, por palavras e atitudes.

Oração para acender a vela

Senhor, que esta vela que agora acendo seja como uma língua de fogo para que eu fique cheio do Espírito Santo como os primeiros cristãos na sala do Cenáculo em Pentecostes. Amém.

Vem, Espírito Santo!
(Se possível, fazer a oração de joelhos)

Vem, Espírito Santo,
E envia do alto do céu
Um raio da Tua luz.
Vem, pai dos pobres,
Doador da divina graça
E luz dos corações.
És consolo e defensor,
Amável hóspede dos corações
E alívio incomparável.
És descanso no trabalho,
Brisa no calor ardente
E consolo na aflição.
Ó ditosa luz divina,
Ilumina plenamente
O coração dos Teus fiéis.

Sem Ti não pode haver
Em homem algum, jamais,
Inocência nem bondade.
Vem livrar-nos do pecado,
Abrandar nossa aridez
E curar nossas feridas.
Concede-nos que possamos
Superar nossa obstinação,
Vencer a nossa apatia
E nos guardar no bom caminho.
Àqueles que crêem em Ti
E em Ti confiam, concede
Os Teus sete dons sagrados.
Como prêmio da virtude,
Dá-lhes a felicidade e a alegria.
Amém.

1º dia: O Espírito Santo e nosso Batismo

Oração inicial

Com nosso santo batismo, o Espírito Santo veio habitar em nosso corpo como em um Templo. Essa presença do Espírito não é passiva, mas dinâmica. Em outras palavras: o Espírito Santo habita em nós não como se fosse depositado, e sim como força diretiva para toda a nossa personalidade: **"pois todos os que são conduzidos pelo Espírito de Deus são filhos de Deus"** (Rm 8,14). O Espírito Santo habita em nós para nos guiar nas várias circunstâncias da vida. Ele nos guia mediante as virtudes, os dons e carismas. Falando particularmente dos dons, a Sagrada Escritura enumera sete dons que representam as operações básicas do Espírito no interior humano. No profeta Isaías temos a revelação desses dons: **"Sobre ele repousará o Espírito do Senhor, Espírito de sabedoria e de entendimento, Espírito de prudência e de coragem, Espírito de ciência e de temor ao Senhor. Sua alegria se encontrará no temor ao Senhor"** (Is 11,2-3). A vida interior do batizado é tocada por esses sete dons na mente e na vontade.

Quatro agem na mente: sabedoria, inteligência, conselho e ciência ou conhecimento; três influenciam a vontade: fortaleza, temor de Deus e piedade.

Pausa de silêncio

Oremos

Deus todo poderoso, Pai de Nosso Senhor Jesus, que pela água e pelo Espírito Santo me fizestes renascer, libertando-me do pecado, enviai-me o Espírito Santo Paráclito. Dai-me, Senhor, o espírito de sabedoria e inteligência, o espírito de conselho e fortaleza, o espírito de ciência e piedade e enchei-me do espírito do vosso temor. Amém.

Oração final para todos os dias

Vem, Criador Espírito de Deus

Vem, criador Espírito de Deus,
Visita o coração dos teus fiéis,
E com a graça do alto os purifica.

Paráclito do Pai, consolador,
Sê para nós a fonte da água viva,
O fogo do amor e a unção celeste.

Nos sete dons que descem sobre o mundo,
Nas línguas que proclamam o Evangelho,
Realiza a promessa de Deus Pai.

Ilumina, Senhor, a nossa mente,
Acende em nós a tua caridade,
Infunde em nosso peito fortaleza.

Livra-nos das ciladas do inimigo,
Dá-nos a tua paz, e evitaremos
Perigos e incertezas no caminho.

Dá-nos a conhecer o amor do Pai
E o coração de Cristo nos revela,
Espírito de ambos procedente.

Louvemos a Deus Pai e a seu Filho,
Demos glória ao Espírito Paráclito,
Agora e pelos séculos sem fim.

Amém.

2º dia: Dom da Sabedoria

Oração inicial

O primeiro dom enumerado é o da *sabedoria*. Trata-se de um dom sobrenatural que nos leva a conhecer ou julgar as coisas divinas pelo gosto espiritual que o Espírito Santo nos inspira. É um conhecimento "saboroso", íntimo e profundo das coisas de Deus. Pedimos esse conhecimento na oração da festa do Pentecostes: *dá-nos uma sabedoria reta*. Ter sabedoria é não só conhecer, mas saborear as coisas celestes e sobrenaturais; não é o que se chama "devoção sensível", longe disso; mas uma experiência espiritual do divino, que o Espírito Santo quer produzir em nós; é a resposta ao **"Provai e vede como o Senhor é bom"** (Sl 33,9). Esse dom faz-nos preferir, sem hesitar, a felicidade do serviço de Deus a todas as alegrias da terra. É a sabedoria que leva a alma a dizer: **"Como são amáveis as vossas moradas... um dia em vossos átrios vale mais do que milhares fora deles"** (Sl 83,2.11). Mas, para sentir isso, é preciso afastar cuidadosamente tudo o que nos atrai para as deleitações ilícitas dos sentidos.

Pausa de silêncio

Oremos

Espírito Santo, concedei-me o dom da sabedoria, a fim de que cada vez mais aprecie as coisas divinas e, abrasado pelo fogo do Vosso amor, prefira com alegria as coisas do céu a tudo o que é mundano e me una para sempre a Cristo, sofrendo neste mundo por seu amor. Amém.

Oração final

3º dia: Dom da Inteligência

Oração inicial

O dom da *inteligência* faz-nos penetrar as verdades da fé. Paulo dizia-nos que **"o Espírito penetra tudo, mesmo as profundezas de Deus"** (1Cor 2,10). Isso não significa que esse dom diminua a incompreensibilidade dos mistérios ou suprima a fé, mas que vai mais além no mistério do que a simples aquiescência da fé; atinge as conveniências ou grandezas dos mistérios, suas relações entre si e com nossa vida sobrenatural. Tem também por objeto as verdades contidas nos livros sagrados. É esse dom que parece ter sido concedido, numa medida especial, àqueles que, na Igreja, brilharam pela profundeza de sua doutrina e que chamamos Doutores da Igreja. Mas toda alma batizada possui em si esse dom precioso. Você lê um texto da Sagrada Escritura. Relê-o muitas vezes, sem entendê-lo de fato. Um dia, porém, uma luz surge de repente, esclarecendo, por assim dizer, até o âmago, a verdade enunciada nesse texto; essa verdade torna-se então clara, e muitas vezes um princípio de vida e ação sobrenaturais. Seria pela sua reflexão que chegou a esse resultado? Não, é uma iluminação, uma intuição do Espírito Santo que, pelo dom de inteligência, o faz penetrar mais intimamente o sentido profundo das verdades reveladas, para que tenha por elas maior estima.

Pausa de silêncio

Oremos

Espírito Santo, concedei-me o dom da inteligência, para que, iluminado pela luz celeste da Vossa graça, bem entenda as sublimes verdades da salvação e da doutrina da santa religião. Amém.

Oração final

4º dia: Dom do Conselho

Oração inicial

Pelo dom do *conselho* o Espírito Santo responde a esta pergunta da alma: **"Senhor, que quereis que eu faça?"** (At 9,6). Ele preserva-nos de qualquer precipitação ou leviandade e, sobretudo, da presunção, tão perigosa nas vias espirituais. Uma alma que se quer governar unicamente por si mesma, que tem o culto da própria personalidade, age sem consultar a Deus na oração; age praticamente como se para ela Deus não fosse o Pai celeste de quem nos vem toda a luz; **"Toda dádiva boa e todo dom perfeito vêm de cima: descem do Pai das luzes"** (Tg 1,17). Veja nosso divino Salvador; diz ele que o Filho, isto é, ele próprio, nada faz que não veja fazer o Pai: **"o Filho de si não pode fazer coisa alguma; ele só faz o que vê fazer o Pai"** (Jo 5,19). A alma de Jesus contemplava o Pai para ver nele o modelo de suas obras; e era o Espírito de conselho que lhe mostrava os desejos do Pai. Por isso, tudo que Nosso Senhor fazia era agradável ao Pai: **"... faço sempre o que é do seu agrado"** (Jo 8,29). É uma disposição pela qual o filho de Deus é capaz de julgar as coisas segundo princípios que estão acima da sabedoria humana. Às vezes, a prudência natural, sempre limitada, indica dever-se agir neste ou naquele sentido. Depois, pelo dom do conselho, o Espírito Santo mostra princípios superiores que devem dirigir as ações do filho de Deus.

Pausa de silêncio

Oremos

Espírito Santo, concedei-me o dom do conselho, tão necessário nos melindrosos passos da vida, para que escolha sempre aquilo que mais Vos seja do agrado, siga em tudo Vossa divina graça e saiba socorrer meu próximo com bons conselhos. Amém.

Oração final

5º dia: Dom da Fortaleza

Oração inicial

Não basta conhecermos sempre o beneplácito de Deus. Em razão da nossa natureza decaída, precisamos muitas vezes da força para pôr em prática o que Deus reclama de nós. É o Espírito Santo que, pelo dom da *fortaleza,* nos ampara nos momentos mais difíceis. Há almas pusilânimes que têm medo das provações da vida interior. Essas provações não podem faltar; serão até maiores quanto mais alto Deus nos chama. Mas nada temamos; o Espírito de força está conosco: **"permanecerá convosco e estará em vós"** (Jo 14,17). Como os apóstolos, no dia de Pentecostes, seremos revestidos, pelo Espírito Santo, da virtude do alto: **"Eu vos mandarei o Prometido de meu Pai"** (Lc 24,49) para cumprir generosamente a vontade divina, para obedecer, se preciso for, como os discípulos, antes a Deus do que aos homens (cf. At 4,19); para suportar corajosamente as adversidades que encontramos à medida que nos aproximamos de Deus. É por isso que São Paulo orava tão ardentemente pelos seus queridos fiéis de Éfeso, para que **"o Espírito lhes concedesse a força e a firmeza interior de que necessitavam para adiantarem na perfeição"** (Ef 3,16). O Espírito Santo diz àquele a quem dá a força o que Deus dizia a Moisés quando este se mostrava aterrorizado diante da missão que o Senhor lhe confiava de libertar o povo hebreu do jugo dos faraós: **"Eu estarei contigo"** (Ex 3,12). Somos fortes com a força de Deus. É ela que faz os mártires, que sustenta as virgens. O mundo admira-se de vê-los tão corajosos, porque imagina que essa força a têm em si mesmos, quando, na realidade, a encontram unicamente em Deus.

Pausa de silêncio

Oremos

Espírito Santo, concedei-me o dom da fortaleza, para que despreze todo respeito humano, fuja do pecado, pratique a virtude com santo fervor e afronte com paciência, e mesmo com alegria de espírito, o desprezo, o prejuízo, as perseguições e a própria morte, antes de renegar por palavras e obras a Cristo. Amém.

Oração final

6º dia: Dom da Ciência

Oração inicial

O dom da *ciência* faz-nos encarar as coisas criadas de um modo sobrenatural, como só um filho de Deus pode encará-las. Há muitas maneiras de considerar o que está em nós e ao nosso redor. Um incrédulo e uma alma santa contemplam a natureza, a criação, cada um a seu modo. O incrédulo possui uma ciência puramente natural, por mais extensa e profunda que seja. O filho de Deus vê a criação à luz do Espírito Santo; apresenta-se aos seus olhos como obra de Deus, em que se refletem suas eternas perfeições. Esse dom faz-nos conhecer as coisas da criação, e de nós mesmos, do ponto de vista de Deus. Faz-nos conhecer o nosso fim sobrenatural e os meios de atingi-lo, mas com intuições que nos preservam das falsas máximas do mundo e das sugestões do espírito das trevas.

Pausa de silêncio

Oremos

Espírito Santo, concedei-me o dom da ciência, para que conheça cada vez mais minha própria miséria e fraqueza, a beleza da virtude e o valor inestimável da alma e para que sempre veja claramente as ciladas do demônio, da carne, do mundo, a fim de as evitar. Amém.

Oração final

7º dia: Dom da Piedade

Oração inicial

Os dons da piedade e do temor completam-se mutuamente. O dom da *piedade* é um dos mais preciosos porque contribui diretamente para regular a atitude que devemos tomar em nossas relações com Deus, misto de adoração, de respeito, de reverência para com a majestade divina; de amor, de confiança, de ternura, de perfeito abandono e santa liberdade diante daquele que é nosso Pai celeste. Esses dois sentimentos, longe de se excluírem, podem aliar-se perfeitamente;

mas é o Espírito Santo quem nos ensina até que ponto eles se harmonizam. Do mesmo modo que em Deus o amor e a justiça não se excluem, assim também em nossa atitude de filhos de Deus há um misto de indizível reverência que nos leva a prostrar-nos diante da soberana majestade, e de ternura amorosa que nos impele a entregar-nos de todo o coração à inefável bondade do Pai celeste; e é o Espírito Santo quem regula em nós dois sentimentos. O dom da piedade produz ainda outro fruto: o de tranqüilizar as almas timoratas (e elas existem), que receiam, nas suas relações com Deus, enganar-se nas "fórmulas" das suas orações. O Espírito Santo faz desaparecer esse escrúpulo, uma vez que se escutem suas inspirações. Ele é "o Espírito de verdade". Diz São Paulo que **"Outrossim, o Espírito vem em auxílio à nossa fraqueza, porque não sabemos o que devemos pedir, nem orar como convém, mas o Espírito mesmo intercede por nós com gemidos inefáveis. E aquele que perscruta os corações sabe o que deseja o Espírito, o qual intercede pelos santos, segundo Deus"** (Rm 8,26-27)

Pausa de silêncio

Oremos

Espírito Santo, concedei-me o dom da piedade, que me tornará delicioso o trato e colóquio convosco na oração e me fará amar a Deus com íntimo amor como a meu Pai, a Maria Santíssima e a todos os homens como a meus irmãos, em Jesus Cristo. Amém.

Oração final

8º dia: Dom do Temor

Oração inicial

Finalmente, o dom do *temor.* Parece estranho que na profecia de Isaías 11,1-3, ao falar dos dons do Espírito derramados na alma de Cristo, encontremos esta expressão: **"Será cheio do espírito de temor"**. Como é que Jesus Cristo, o Filho de Deus, pode estar cheio de temor de Deus? É que há duas espécies de temor de Deus: o temor que só vê o castigo devido ao pecado é um temor servil, sem nobreza, mas nem sempre sem utilidade; e o temor que nos faz evitar o pecado por ser uma ofensa a Deus é o temor filial; este será imperfeito enquanto não estiver de todo livre da lembrança do castigo. É evidente que nem o temor filial imperfeito nem o temor servil existiram na alma santíssima de Cristo. Havia nela apenas o temor perfeito, reverencial, o temor de que estão possuídas as potências angélicas diante da infinita perfeição de Deus: temor que se traduz pela adoração e é absolutamente santo: **"O temor do Senhor é puro, subsiste eternamente"** (Sl 18,10). Se nos fosse dado contemplar a humanidade de Jesus, vê-la-íamos abismada em reverência diante do Verbo ao qual está unida. É essa reverência que o Espírito infunde em nossas almas, e nelas a conserva, porém aliando-a, pelo dom da piedade, a esse sentimento de amor e ternura filial, resultante da nossa adoção divina, que nos faz clamar para Deus: Pai! O dom da piedade imprime em nós, como em Jesus, a tendência que nos leva a referir tudo ao nosso Pai.

Tais são os dons do Espírito divino: aperfeiçoam as virtudes, dispondo-nos a agir com uma firmeza sobrenatural que constitui em nós, como disse, uma espécie de instinto divino das coisas celestes. Por estes dons que deposita em nós com o fim de nos tornar dóceis, o Espírito Santo completa o pleno desenvolvimento da nossa qualidade de filhos de Deus: **"Pois todos os que são conduzidos pelo Espírito de Deus são filhos de Deus"** (Rm 8,14).

Pausa de silêncio

Oremos

Espírito Santo, concedei-me o dom do temor de Deus, para que eu me lembre sempre, com suma reverência e profundo respeito, a Vossa divina presença, trema como os mesmos anjos diante da Vossa divina majestade e nada receie tanto como desagradar Vossos santos olhos! Amém.

Oração final

9º dia: O fruto do Espírito

Oração inicial

Quando nos deixamos guiar pelo movimento do Espírito de amor; quando somos, na medida da nossa fraqueza, constantemente fiéis às suas santas inspirações, que nos levam para Deus, para o que lhe é agradável, daí resulta que nossa alma opera *inteiramente* no sentido da sua adoção divina. Produz então esse fruto, que é, ao mesmo tempo, o termo da ação do Espírito Santo em nós e, pela sua suavidade, como que a recompensa antecipada da nossa fidelidade a essa ação. São Paulo diz: **"O fruto do Espírito é a caridade, o gozo, a paz, a paciência, a benignidade, a bondade, a fidelidade, a brandura, a temperança"** (Gl 5,22-23). Digno do Espírito de amor e de santidade, esse fruto é também digno do nosso Pai celeste, que nele encontra sua glória: **"Nisto é glorificado meu Pai, para que deis muito fruto e vos torneis meus discípulos"** (Jo 15,8), digno enfim de Jesus Cristo, que no-lo mereceu e ao qual o Espírito Santo nos une: **"Quem permanece em mim e eu nele, esse dá muito fruto; porque sem mim nada podeis fazer"** (Jo 15,5).

Por ocasião da festa dos Tabernáculos, uma das mais grandiosas solenidades judaicas, achava-se Nosso Senhor em Jerusalém. No meio da multidão, exclamou: **"Se alguém tem sede venha a mim e beba; aquele que crê em mim, como diz a Escritura, do seu interior correrão rios de água viva"** (Jo 7,37-38). E São João acrescenta: **"Dizia a respeito do Espírito que haviam de receber os que nele acreditassem"** (Jo 7,39). O Espírito Santo, que Jesus mereceu nos fosse enviado, e que Ele, como Verbo, nos envia, é em nós o princípio, a fonte desses rios de água viva, da graça que corre em nós até a vida eterna, isto é, que nos faz produzir frutos de vida eterna. Enquanto esperamos pela suprema bem-aventurança, estas águas **"alegram a cidade das almas que elas regam"** (Sl 45,5). Por isso, diz São Paulo que todas as almas fiéis, aquelas que crêem em Cristo, foram **"impregnadas do mesmo Espírito"** (1Cor 12,13).

Pausa de silêncio

Oremos

Espírito Santo, por meio do Vosso fruto, as graças do Batismo e da Confirmação são ativadas e fortalecidas. Manifestai esse fruto em minha vida cotidiana, para que possais ser uma realidade viva em mim. Desse modo, poderei mais eficazmente testemunhar a ressurreição de Cristo não só por palavras, mas sobretudo pelo exemplo. Amém.

Oração final

NOVENA DE PENTECOSTES COM OS PAPAS

Oração inicial para todos os dias

Em nome do Pai, do Filho e do Espírito Santo. Amém.

Senhor Deus, coloco-me diante de vós, no início desta novena de Pentecostes, com o mesmo pedido do papa João XXIII: "Renova em nossa época os prodígios como em novo Pentecostes; e concede à Igreja santa, reunida em unânime e instante oração com Maria, Mãe de Jesus, e guiada por Pedro, difunda o reino do divino Salvador, que é reino de verdade, de justiça, de amor e de paz. Assim seja" (João XXIII, *Carta de Convocação do Concílio Vaticano II*).

Oração para acender a vela

Senhor, que esta vela que agora acendo seja como uma língua de fogo para que eu fique cheio do Espírito Santo como os primeiros cristãos na sala do Cenáculo em Pentecostes. Amém

Oração inicial para todos os dias
(Se possível, rezar de joelhos)

Vem, Espírito Santo!

Vem, Espírito Santo,
Toma meu corpo para templo Teu!
Vem e fica sempre comigo!

Dá-me profundo amor
Ao Sacratíssimo Coração de Jesus,
A fim de servi-lo de todo coração,
Com toda a minha alma,
Com todas as minhas forças.
Consagro-te todas as faculdades
De minha alma e de meu corpo.
Domina todas as minhas paixões,
Emoções e sentimentos.
Recebe minha inteligência
E minha vontade,
Minha memória e minha fantasia.
Ó Espírito Santo de amor,
Dá-me rica medida de Tua graça eficaz.
Dá-me a plenitude de todas as virtudes,
Aumenta-me a fé,
Fortalece minha esperança,
Aumenta-me a confiança
E inflama meu amor.
Concede-me os Teus sete dons,
Teus frutos e bem-aventuranças.
Santíssima Trindade,
Que minha alma seja Teu templo.
Amém.

PAPA PIO XII.

1º dia: Preparar-se como os primeiros cristãos (Paulo VI)

Oração inicial

"Quiséramos hoje não somente possuir imediatamente o Espírito Santo, mas também experimentar os efeitos sensíveis e prodigiosos desta maravilhosa presença do Espírito Santo dentro de nós. Porque sabemos que o Espírito Santo é luz, é força, carisma, infusão de uma vitalidade superior, capacidade de superar os limites da atividade natural, é riqueza de virtudes sobrenaturais, riqueza de dons, os conhecidos sete dons que fazem rápida e ágil a ação do Espírito

Santo, coordenada com o complexo sistema sociológico humano, é riqueza de frutos espirituais que adornam belamente o fértil jardim da experiência cristã (Gl 5,22-23).

Nós, agora, anunciando o mistério de Pentecostes, detemo-nos em seus umbrais: como podemos procurá-lo? Também esta fase do acontecimento de Pentecostes merece e é suficiente, por enquanto, para nossa presente reflexão. A preparação não é algo supérfluo, ainda quando o grande dom do Espírito seja gratuito e possa infundir-se em nós com o ímpeto de seu vento e com o imprevisto arder de seu fogo, como ocorreu naquele dia único e histórico de nosso primeiro Pentecostes.

Além do mais, também aquele dia prodigioso teve sua preparação. A preparação do silêncio interior, em que a consciência amadureceu sua conversão, sua purificação, sua metanóia. Nós, os modernos, somos demasiado extrovertidos, vivemos fora de nossa casa e quiçá, como disse um conhecido filósofo, saindo de casa perdemos a chave para tornar a entrar nela. O encontro com o Espírito Santo é santificador, embora deixe seus vestígios por todas as partes no panorama das coisas exteriores, 'nada existe sem voz, para quem sabe escutar', tem lugar no secreto do coração, onde se guarda a palavra do Senhor (Jo 14,23), onde o homem é ele mesmo na solidão de sua personalidade. Por isto os Apóstolos, antes do grande dia **'perseveravam unânimes na oração com Maria, a Mãe de Jesus'** (At 1,14): é o primeiro e maravilhoso retiro espiritual. Ao silêncio, pois, se une a oração que, na expressão tradicional da Igreja, toma a forma de uma bem conhecida imploração de invocação, de desejo: Vinde, vinde, Espírito Criador! Vinde, Espírito Santo!"[1].

Pausa de silêncio

---

1. Paulo VI, Homilia de Pentecostes, 18/5/1975.

Oremos

Ó Deus que santificais a Vossa Igreja inteira, em todos os povos e nações, derramai por toda a extensão do mundo os dons do Espírito Santo e realizai no coração dos fiéis as maravilhas que operastes no início da pregação do evangelho. Por Nosso Senhor Jesus Cristo, vosso Filho, na unidade do Espírito Santo. Amém.

Oração final para todos os dias

Seqüência da Missa de Pentecostes

Vinde, Pai dos pobres, vinde, distribuidor dos bens, vinde luz dos corações.
Consolador ótimo, doce hóspede das almas e suave refrigério.
Ó luz beatíssima, inflamai o íntimo dos corações dos Vossos fiéis.
Lavai o que é sórdido, regai o que é seco, sarai quem está ferido.
Dobrai o que é duro, abrasai o que é frio e reconduzi o desviado.
Dai-lhes o mérito das virtudes, o êxito da salvação e a alegria perene. Amém.

Ó Espírito Santíssimo, fogo sagrado que alumiais as almas e abrasais os corações: por misericórdia Vossa, Senhor, a nossa pobre alma Vos deseja, invoca-Vos e Vos procura para que a purifiqueis das suas manchas, para que a ilumineis nas suas trevas e lhe comuniqueis os Vossos dons. Sim, dignai-Vos consagrar a nossa alma com a unção da Vossa graça, para que ela se converta em templo Vosso. Purificai a nossa memória, para que ela sempre recorde os Vossos benefícios; ilustrai o nosso entendimento, para que saiba meditar a Vossa lei; inflamai a nossa vontade, para que ela, respeitosa e dócil, se submeta em tudo à Vossa vontade. E, visto que somos tão miseráveis, purificai todos os afetos do nosso coração, para que ele se torne digno dos Vossos dons.

2º dia: Necessidade de um Pentecostes permanente (Paulo VI)

Oração inicial

"Em repetidas ocasiões temo-nos perguntado quais são as maiores necessidades da Igreja. Devemos dizê-lo, quase dominados pelo temor e rezando, porque é seu mistério e sua vida, vós o sabeis: o Espírito Santo, animador e santificador da Igreja, seu alento divino, o vento de suas velas, seu princípio unificador, sua fonte de carismas e de cantos, sua paz e seu gozo, seu penhor e prelúdio de vida bem-aventurada e eterna (*Lumen Gentium,* nº 5).

A Igreja tem necessidade de um Pentecostes permanente. Tem necessidade de fogo no coração, de palavras nos lábios, de profecia no olhar. A Igreja tem necessidade de ser templo do Espírito Santo (1Cor 3,16-17; 6,19; 2Cor 6,16), isto é, de limpeza total e de vida interior. Tem necessidade de voltar a sentir dentro de si, no nosso mundo vazio de homens modernos, totalmente extrovertidos pelo atrativo da vida exterior, sedutora, fascinante, corruptora com lisonjas de falsa felicidade; de sentir, digamos, que sobe do mais profundo de sua intimidade pessoal, como um gemido, uma poesia, uma oração, um hino, uma voz orante do Espírito que, como nos ensina São Paulo, nos substitui e ora em nós e por nós 'com gemidos inefáveis' e que interpreta a prece que nós, a sós, não saberíamos dirigir a Deus (Rm 8,26-27). Disso tem necessidade a Igreja. Tem necessidade do Espírito Santo em nós, em cada um de nós e em todos nós juntos, em nós-Igreja."[2]

Pausa de silêncio

Oremos

Ó Deus, concedei à Vossa Igreja a graça de permanecer sempre com a mesma plenitude do Espírito Santo derramado no Cenáculo de Jerusalém. As línguas de fogo, vindas

2. Paulo VI, Audiência geral de 29/11/1972.

naquele dia bendito, continuem acesas para transformar-nos em criaturas novas. Por Jesus Cristo, Nosso Senhor. Amém.

Oração final

3º dia: O Espírito Santo traz alegria (Paulo VI)

Oração inicial

"A alegria pascal não é somente a de uma possível transfiguração: é a de uma nova presença de Cristo ressuscitado, que dispensa aos seus o Espírito, para que habite neles. Assim o Espírito Paráclito é dado à Igreja como princípio inesgotável de sua alegria de Esposa de Cristo glorificado. Ele o envia de novo para recordar, mediante o mistério de graça e de verdade, exercido pelos sucessores dos Apóstolos, o mesmo ensinamento do Senhor. Ele suscitou na Igreja a vida divina e o apostolado. E o cristão sabe que este Espírito não se extinguirá jamais no curso da história. A fonte de esperança manifestada em Pentecostes não se esgotará.

O Espírito que procede do Pai e do Filho, de quem é o amor mútuo vivente, é, pois, comunicado ao povo da Nova Aliança e a cada alma que se mostre disponível à sua ação íntima. Ele faz de nós sua morada, 'doce hóspede da alma'. Com Ele habitam no coração do homem o Pai e o Filho (Jo 16,20-22; 2Cor 1,4; 7,4-6); o Espírito Santo suscita no coração humano uma prece filial impregnada de ação de graças, que brota no íntimo da alma em oração e se expressa no louvor, na ação de graças, na reparação e na súplica. Então podemos sentir a alegria propriamente espiritual, que é fruto do Espírito Santo (Rm 14,14; Gl 5,22). Consiste esta alegria em que o espírito humano ache repouso e uma satisfação íntima na possessão de Deus Trino, conhecido pela fé e amado com a caridade que provém dEle."[3]

Pausa de silêncio

---

3. Paulo VI, Exortação *Gaudete in Domino*, 17/5/1975.

Oremos

Ó Pai, em nome de Jesus, enchei-nos com a plenitude do Espírito Santo, concedendo-nos a experiência da verdadeira alegria, que consiste na sensação dos cuidados constantes do Vosso amor e de estarmos permanentemente na Vossa santa presença. Que nenhum apego a nós mesmos, pessoas ou coisas nos impeçam de viver esta alegria sobrenatural.

Oração final

4º dia: A vida nova em Cristo (João Paulo II)

Oração inicial

"A vida que Jesus Cristo nos dá é uma água viva que sacia o desejo mais profundo do homem e o introduz, como filho, na plena comunhão com Deus. Esta água viva e dadora de vida é o Espírito Santo.

Na conversa com a Samaritana, Jesus prenuncia este dom divino: **'Se conhecesses o dom de Deus e Quem é Aquele que te diz: 'Dá-me de beber?', tu é que Lhe terias pedido, e Ele dar-te-ia uma água viva... Quem bebe desta água voltará a ter sede; mas quem beber da água que Eu lhe der jamais terá sede, porque a água que Eu lhe der tornar-se-á nele uma nascente de água a jorrar para a vida eterna'** (Jo 4,10.13-14). Ao prenunciar depois, por ocasião da festa dos Tabernáculos, Sua morte e ressurreição, Jesus exclama sempre em voz alta, como que para Se fazer escutar pelos homens de todos os lugares e de todos os tempos: **'Se alguém tem sede, venha a Mim e beba! Do seio daquele que acreditar em Mim, correrão rios de água viva, como diz a Escritura'**. Ele diz isto, observa o evangelista João ao referir-se **'ao Espírito que deviam receber os que nEle acreditassem'** (Jo 7,37-39).

Ao obter-nos o dom do Espírito com o sacrifício da própria vida, Jesus cumpre a missão recebida do Pai: **'Eu vim para que tenham vida, e a tenham em abundância'** (Jo 10,10). O Espírito Santo torna novo o nosso coração (cf. Ez 36,25-27; Jr 31,31-34), conformando-o com o de Cristo. O cristão pode assim 'compreender e realizar o sentido mais verdadeiro e profundo da vida: ser um dom que se consuma no dar-se' (EV, 49). É esta a lei nova, **'a lei do Espírito que dá a vida em Cristo Jesus'** (Rm 8,2)."[4]

Pausa de silêncio

Oremos

Senhor nosso Deus, que pela luz do Espírito Santo instruístes o coração dos fiéis, fazei-nos dóceis ao mesmo Espírito, para apreciarmos o que é justo e nos alegrarmos sempre com sua santa presença. Por Nosso Senhor Jesus Cristo, vosso Filho, na unidade do Espírito Santo. Amém.

Oração final

5º dia: Jesus é o Senhor (João Paulo II)

Oração inicial

"Encontramo-nos no Cenáculo de Jerusalém no dia do Pentecostes. Somos levados pela liturgia ao que aconteceu 'na tarde do dia da ressurreição'. Precisamente lá, embora as portas estivessem fechadas, 'Jesus vem' para o meio dos discípulos reunidos e ainda temerosos.

Depois de lhes ter mostrado as mãos e o lado, como prova que era o mesmo que tinha sido crucificado, Ele disse-lhes: **'A paz esteja convosco! Assim como o Pai Me enviou, também Eu vos envio. Dito isto, soprou sobre eles e disse-lhes: Recebei o Espírito Santo. Aqueles a quem perdoardes os pecados, ser-lhes-ão perdoados; aqueles a quem retiverdes, ser-lhes-ão retidos'** (cf. Jo 20,21-23).

Assim, portanto, na tarde do dia da ressurreição os apóstolos, fechados no silêncio do Cenáculo, 'receberam o mesmo Espírito Santo', que 'desceu' sobre eles após cinqüenta dias, a fim de, inspirados pelo seu poder, se tornarem testemunhas do nascimento da Igreja: **'Ninguém pode dizer Jesus é o Senhor, senão por influência do Espírito Santo'** (1Cor 12,3).

---

4. João Paulo II, trecho da audiência geral publicada no *L'Osservatore Romano* nº 43, 24/10/1998.

Na tarde do dia da ressurreição os apóstolos, pelo poder do Espírito Santo, confessaram com todo o coração: 'Jesus é o Senhor'; e esta é a verdade que, a partir do dia do Pentecostes, eles 'proclamaram ao povo todo', até o derramamento do sangue.

Quando os apóstolos acreditaram e confessaram com o coração que 'Jesus é o Senhor', 'o poder do Espírito Santo entregou nas mãos deles a Eucaristia', o Corpo e o Sangue do Senhor; aquela Eucaristia que no mesmo Cenáculo, durante a última ceia, Cristo lhes confiara, antes da sua paixão.

Disse então, enquanto lhes dava o pão: 'Tomai e comei todos: este é o Meu corpo, oferecido em sacrifício por vós'.

E em seguida, dando-lhes o cálice do vinho, disse:

'Tomai e bebei todos vós: este é o cálice do meu sangue, o sangue da nova e eterna aliança, que é derramado por vós e por todos os homens para o perdão dos pecados'.

E, dito isto, acrescentou: 'Fazei isto em minha memória'."[5]

Oremos

Ó Deus maravilhoso, Vosso Filho Jesus, na tarde do Domingo de Páscoa, curou os apóstolos do medo, encheu-nos de alegria com a Sua presença e soprou o Espírito Santo para capacitá-los para a missão. Dai-nos a graça de sermos renovados por este mesmo poder do Espírito Santo, para anunciar Vossas maravilhas a todas as criaturas. Amém.

Oração final

6º dia: O Espírito Santo emociona os corações (João Paulo II)

Oração inicial

"'Tendo sido elevado pela direita de Deus, recebeu do Pai o Espírito Santo prometido e derramou o que vedes e ouvis' (At 2,33).

---

5. João Paulo II, trecho da homilia da visita pastoral a Lombardia, 22/5/1983.

Em conseqüência da efusão do Espírito, os discípulos foram transformados interiormente e começaram a proclamar as maravilhas de Deus. Aquela efusão se estendeu depois a pessoas de todas as raças e de todas as línguas, atraídas para aquele lugar pelo fragor que tinha acompanhado a vinda do Espírito.

Quando Pedro explicou o sentido do acontecimento, que punha em luz o poder soberano dAquele que pouco antes tinha sido crucificado a pedido do povo, os ouvintes 'emocionaram-se até o fundo do coração'. O espírito tinha movido profundamente a alma daqueles que tinham gritado diante de Pilatos: 'Crucifica-o', e tinha-os disposto para a conversão. Ao convite de Pedro: 'Convertei-vos', responderam três mil, recebendo o batismo (At 2,37-41).

Perante esta maravilhosa messe de conversões, somos levados a reconhecer no Espírito Santo Aquele que opera nos corações humanos a reconciliação com Cristo e com Deus.

É Ele que 'emociona os corações', para retomar a expressão usada nos Atos dos Apóstolos, e os faz passar da hostilidade a Cristo a uma adesão de fé e de amor à sua pessoa e à sua mensagem. É Ele que inspira as palavras de Pedro quando exorta os ouvintes à conversão, e faz com que elas produzam um efeito admirável.

Nestas primeiras conversões inaugura-se um movimento que já não se deterá com o passar dos anos e dos séculos. No Pentecostes o Espírito Santo inicia a grande empresa da regeneração da humanidade"[6].

Pausa de silêncio

Oremos

Ó Deus, que nossas vidas depositadas na Vossa presença sejam santificadas pelo mesmo fogo do Espírito Santo, que abrasou os corações dos discípulos de Vosso Filho que vive e reina para sempre. Amém.

Oração final

---

6. João Paulo II, audiência geral de 25/5/1983.

7º dia: Como reconhecer o Espírito Santo? (Bento XVI)

Oração inicial

"Perguntamo-nos: quem ou o que é o Espírito Santo? Como podemos reconhecê-lo? De que modo vamos a Ele e Ele vem a nós? O que realiza? Uma primeira resposta recebemo-la do grande hino pentecostal da Igreja, com o qual começamos as Vésperas: '*Veni, Creator Spiritus*... Vem, Espírito Criador...'. Aqui, o hino refere-se aos primeiros versículos da Bíblia que, com o recurso a imagens, exprimem a criação do universo. Ali afirma-se sobretudo que acima do caos, sobre as águas do abismo, pairava o Espírito de Deus. O mundo em que vivemos é obra do Espírito Criador. O Pentecostes não é apenas a origem da Igreja e por isso, de modo especial, a sua festa; o Pentecostes é também uma festa da criação. O mundo não existe por si mesmo; provém do Espírito criativo de Deus, da Palavra criadora de Deus. E por este motivo reflete inclusive a sabedoria de Deus. Na sua vastidão e na lógica omnicompreensiva das suas leis, ela deixa entrever algo do Espírito Criador de Deus. Exorta-nos ao temor reverencial.

Precisamente quem, como cristão, crê no Espírito Criador toma consciência do fato de que não podemos usar e abusar do mundo e da matéria como de um simples objeto da nossa ação e da nossa vontade; que temos o dever de considerar a criação como um dom que nos foi confiado não para a destruição, mas para que se torne o jardim de Deus e assim um jardim do homem. Diante das múltiplas formas de abuso da terra que hoje vemos, ouvimos como que o gemido da criação, de que fala São Paulo (cf. Rm 8,22); começamos a compreender as palavras do Apóstolo, ou seja, que a criação espera com impaciência a revelação dos filhos de Deus, para se tornar livre e alcançar o seu esplendor."[7]

Pausa de silêncio

Oremos

---

7. Bento XVI, trecho da Vigília de Pentecostes, 3/6/2006.

Nós vos pedimos, Ó Deus onipotente e misericordioso, concedei que sobre nós desça o Espírito Santo e, habitando em nós, bondosamente nos faça templos de Sua glória. Por Cristo, Nosso Senhor. Amém.

Oração final

8º dia: O Espírito Santo nos dá liberdade (Bento XVI)

Oração inicial

"O Pentecostes é isto: Jesus, e através dele o próprio Deus, vem a nós e atrai-nos para dentro de si. **'Ele envia o Espírito Santo'** assim se expressa a Escritura. Qual é o efeito disso? Em primeiro lugar, gostaria de relevar dois aspectos: o Espírito Santo, por meio de quem Deus vem a nós, dá-nos a vida e a liberdade. Observemos ambas um pouco mais de perto. **'Eu vim para que tenham vida, e a tenham em abundância'**, diz Jesus no Evangelho de João (10,10). Todos nós aspiramos à vida e à liberdade. Mas de que se trata, onde e como é que encontramos a 'vida'?

Espontaneamente, penso que a esmagadora maioria dos homens tem o mesmo conceito de vida do filho pródigo, no Evangelho. Ele pediu a parte de patrimônio que lhe cabia, e agora se sentia livre, queria finalmente viver já sem o peso dos afazeres de casa, queria simplesmente viver. Receber da vida tudo o que ela pode oferecer. Gozá-la plenamente, viver, só viver, beber na abundância da vida e nada perder daquilo que de precioso ela pode oferecer. No final, acabou por se tornar guardião de porcos e chegou mesmo a invejar aqueles animais tão vazia se tinha tornado sua vida, tão inútil! E vã revelava-se inclusive a sua liberdade. Porventura não acontece também assim nos nossos dias?

Quando o homem quer somente apoderar-se da vida, ela torna-se cada vez mais vazia, mais pobre; termina-se facilmente por se refugiar na droga, na grande ilusão. E emerge a dúvida se, no final de contas, viver é verdadeiramente um bem. Não, deste modo nós não encontramos a vida. A palavra de Jesus sobre a vida em abundância encontra-se no discurso do Bom Pastor. É uma palavra que se põe num duplo contexto. Sobre o pastor, Jesus diz-nos que ele entrega a sua vida. **'Ninguém tira a minha vida, mas sou Eu que a ofereço livremente'** (cf. Jo 10,18). A vida só se encontra quando é doada; ela não pode ser encontrada, desejando tomar posse dela. É isto que devemos aprender de Cristo; é isto que nos ensina o Espírito Santo, que é puro dom, que é o doar-se de Deus. Quanto mais alguém entrega a sua vida pelos outros, pelo próprio bem, tanto mais copiosamente corre o rio da vida. Em segundo lugar, o Senhor diz-nos que a vida desabrocha, quando caminhamos em companhia do Pastor, que conhece as pastagens, os lugares onde brotam as nascentes da vida. Encontramos a vida na comunhão com Aquele que é a vida em pessoa na comunhão com o Deus vivo, uma comunhão em que somos introduzidos pelo Espírito Santo, denominado no hino das Vésperas como 'fons vivus', fonte viva. A pastagem, onde correm as fontes da vida, é a Palavra de Deus como a encontramos na Escritura, na fé da Igreja. A pastagem é o próprio Deus que, na comunhão da fé, aprendemos a conhecer através do poder do Espírito Santo."[8]

Pausa de silêncio

Oremos

Nós vos suplicamos, ó Deus onipotente e misericordioso, concedei que sobre nós desça o Espírito Santo e, habitando em nós, nos faça, por seu infinito poder, viver a verdadeira liberdade recebida pelos méritos de Jesus Cristo. Amém.

Oração final

9º dia: O Espírito Santo oferece unidade (Bento XVI)

Oração inicial

"Ao doar a vida e a liberdade, o Espírito Santo oferece também a unidade. Trata-se de três dons inseparáveis entre

---

8. Ibid.

si. Já falei demasiado; no entanto, permiti-me dizer ainda uma breve palavra sobre a unidade. Para a compreender, pode ser-nos útil uma frase que, num primeiro momento, parece contrariamente afastar-nos dela. A Nicodemos que, na sua busca da verdade, vai de noite ter com Jesus com as suas interrogações, Ele responde: **'O Espírito sopra onde quer'** (Jo 3,8).

Mas a vontade do Espírito não é arbítrio. É a vontade da verdade e do bem. Por isso, Ele não sopra em toda a parte, virando uma vez aqui e outra ali; o seu sopro não nos dispersa, mas reúne-nos, porque a verdade une como o amor une.

O Espírito Santo é o Espírito de Jesus Cristo, o Espírito que une o Pai ao Filho no Amor que, no único Deus, doa e recebe. Ele nos une de tal modo que certa vez São Paulo pôde dizer: **'Todos vós sois um só em Cristo Jesus'** (Gl 3,28). Com o seu sopro, o Espírito Santo impele-nos rumo a Cristo. O Espírito Santo age corporalmente, e não apenas do ponto de vista subjetivo, 'espiritual'. Aos discípulos que O consideravam somente um 'espírito', Cristo ressuscitado disse: **'Sou Eu mesmo! Tocai-me e olhai: um fantasma não tem carne nem ossos, como verificais que Eu tenho'** (cf. Lc 24,39). Isto é válido para Cristo ressuscitado, em todas as épocas da história. Cristo ressuscitado não é um fantasma, não é somente um pensamento, uma idéia. Segue sendo o Encarnado. Ressuscitou Aquele que assumiu a nossa carne e continua sempre a edificar o seu Corpo, fazendo de nós o seu Corpo. O Espírito sopra onde quer, e a sua vontade é a unidade que se faz corpo, a unidade que encontra o mundo e o transforma. Na Carta aos Efésios, São Paulo diz-nos que este Corpo de Cristo, que é a Igreja, contém junturas (cf. 4,16), e chega a enumerá-las: são os Apóstolos, os Profetas, os Evangelistas, os Pastores e os Mestres (cf. 4,11).

O Espírito Santo deseja a unidade, quer a totalidade. Por esse motivo, a sua presença demonstra-se finalmente também no impulso missionário. Quem encontrou algo de verdadeiro, de belo e de bom na própria vida, o único tesouro autêntico, a pérola inestimável, corre para o compartilhar em toda a parte, na família e no trabalho, em todos os âmbitos da sua existência. E o faz sem qualquer temor, porque sabe que recebeu a adoção de filho; sem qualquer presunção, porque tudo é dádiva; e sem desânimo, porque o Espírito de Deus precede a sua ação no 'coração' dos homens e como semente nas mais diversificadas culturas e religiões. Fá-lo sem fronteiras, porque é portador de uma boa notícia destinada a todos os homens e a todos os povos."[9]

Pausa de silêncio

Oremos

Ó Deus, olhai propício o vosso povo e fazei que o Espírito Santo nos abrase com aquele fogo que Nosso Senhor Jesus Cristo enviou à terra e que Ele quis que ardesse em nossos corações. Movidos por este poder do alto superemos todas as divisões, sendo instrumentos de unidade no mundo.

Oração final

NOVENAS BREVES DE PENTECOSTES

Primeira novena breve de Pentecostes

"Se enviais, porém, o vosso sopro, eles revivem e renovais a face da terra" (Sl 103,30).

Em preparação para a Festa de Pentecostes, rezando durante nove dias, esta oração, clamando os dons do Espírito Santo sobre nós, nossas famílias e sobre toda a Igreja.

Durante os nove dias, recita-se a mesma oração.

Em nome do Pai, do Filho e do Espírito Santo. Amém.

Vinde, Espírito Santo, enchei os corações de vossos fiéis e acendei neles o fogo de vosso amor. Enviai vosso Espírito e tudo será criado. E renovareis a face da terra.

---

9. Ibid.

Oremos: Deus que instruístes os corações dos vossos fiéis com a luz do Espírito Santo, fazei que apreciemos retamente todas as coisas segundo o mesmo Espírito e gozemos sempre da sua consolação. Por Cristo Senhor nosso. Amém.

Vinde, Espírito de Sabedoria!

Instruí o meu coração para que eu saiba estimar e amar os bens celestes e antepô-los a todos os bens da terra. (Glória ao Pai...)

Vinde, Espírito de Inteligência!

Iluminai a minha mente para que entenda e abrace todos os mistérios e mereça alcançar um pleno conhecimento Vosso, do Pai e do Filho. (Glória ao Pai...)

Vinde, Espírito de Conselho!

Assisti-me em todos os assuntos desta vida instável, tornai-me dócil às Vossas inspirações e guiai-me sempre pelo direito caminho dos divinos mandamentos. (Glória ao Pai...)

Vinde, Espírito de Fortaleza!

Fortalecei o meu coração em todas as perturbações e adversidades e dai à minha alma o vigor necessário para resistir a todos os meus inimigos. (Glória ao Pai...)

Vinde, Espírito de Ciência!

Fazei-me ver a vaidade de todos os bens caducos deste mundo, para que não use deles senão para Vossa maior glória e salvação da minha alma. (Glória ao Pai...)

Vinde, Espírito de Piedade!

Vinde morar no meu coração e inclinai-o para a verdadeira piedade e santo amor de Deus. (Glória ao Pai...)

Vinde, Espírito de Temor de Deus!

Repassai a minha carne com o Vosso santo temor, de modo que tenha sempre Deus presente e evite tudo o que possa desagradar aos olhos de Sua divina majestade. (Glória ao Pai...)

Divino Espírito Santo, eu vos ofereço todas as preces da Santíssima Virgem e dos apóstolos reunidos no Cenáculo, e a estas uno todas as minhas orações, suplicando-Vos que Vos apresseis em vir renovar a face da terra.

Oremos: Ó Deus, que santificais a vossa Igreja inteira, em todos os povos e nações, derramai por toda a extensão do mundo os dons do Espírito Santo e realizai agora no coração dos fiéis as maravilhas que operastes no início da pregação do evangelho. Por Nosso Senhor Jesus Cristo, vosso Filho, na unidade do Espírito Santo. Amém.

Rezar três Ave-marias

Segunda novena breve ao Espírito Santo

V. Vem, Espírito Santo, Espírito da Sabedoria:

R. Teu fogo penetra toda sabedoria deste mundo. Teu ímpeto derruba o que é poderoso e eleva o que é humilde.

V. Vem, Espírito Santo, Espírito de Inteligência:

R. Somente em Ti percebemos os mistérios divinos. Só por ti reconhecemos o caminho para o qual somos chamados.

V. Vem, Espírito Santo, Espírito de Conselho:

R. Tu afastas dúvidas e insegurança. Em Ti, a vontade do Senhor nos é revelada.

V. Vem, Espírito Santo, Espírito de Fortaleza:

R. Em Tua força, os apóstolos, os mártires e os confessores encontram a coragem para testemunhar a Cristo.

V. Vem, Espírito Santo, Espírito da Ciência:

R. Na criação reconhecemos o teu Poder, na revelação, a tua Sabedoria; na Redenção, o teu Amor.

V. Vem, Espírito Santo, Espírito de Piedade:

R. Em Ti, recebemos o Espírito que nos faz filhos de Deus, e podemos exclamar, cheios de alegria: meu Pai!

V. Vem, Espírito Santo, Espírito do Temor de Deus:
R. Só Tu nos tornas capazes de reconhecer o pecado e a santidade divina.

V. Deus poderoso, Pai de Nosso Senhor Jesus Cristo, Tua Igreja vive no Espírito Santo que lhe enviaste. Nós Te pedimos: Enche todos os cristãos cada vez mais com Tua força e os une entre si. Dá-lhes o Espírito da Sabedoria e da Inteligência, do Conselho, da Fortaleza e da Ciência, o Espírito da Piedade e do Temor de Deus. Por Cristo, Nosso Senhor.
R. Amém.

Capítulo cinco

Celebração comunitária da novena de Pentecostes

Este é um esquema para rezar a novena de Pentecostes em grupo. Poderá ser rezada na Igreja ou nas casas. Recomenda-se, quando rezada na Igreja, se o número de pessoas for pequeno, recitá-la diante do Sacrário, ou diante do altar, tendo sempre aceso o Círio Pascal. Se for rezada nas casas, providenciar um oratório, como o sugerido para a novena pessoal, no capítulo anterior.

Celebração da Novena

Comentário inicial: A novena de Pentecostes é o convite para que entremos na sala de cima do Cenáculo de Jerusalém, com o mesmo espírito de oração dos primeiros cristãos. Estaremos reunidos durante nove dias para pedir ao Senhor: "Derrama sobre nós o Espírito Santo e renova-nos com a chama do Seu poder". Em sinal deste nosso desejo, vamos acender o Círio Pascal, que recorda Jesus, aquele que batiza no Espírito e no fogo.

1. Canto inicial: Nós estamos aqui reunidos.

Refrão: Nós estamos aqui reunidos, como estavam em Jerusalém. Pois só quando vivemos unidos é que o Espírito Santo nos vem.

1. Ninguém pára esse vento passando;
ninguém vê e ele sopra onde quer.
Força igual tem o Espírito, quando
faz a Igreja de Cristo crescer.

2. Feita de homens, a Igreja é divina,
pois o Espírito Santo a conduz.
Como fogo que aquece e ilumina,
que é pureza, que é vida, que é luz.

3. Sua imagem são línguas ardentes,
pois amor é comunicação.
E é preciso que todas as gentes
saibam quanto felizes serão.

2. Dirigente: Em nome do Pai...(cantado — sugestão: canto Deus Trino)

3. Dirigente: Recitemos a Profissão de fé (Credo)

4. Dirigente: Estamos reunidos para pedir a renovação do Espírito Santo em nossa vida. Com este propósito, rezemos a seqüência de Pentecostes:

Vinde, ó Espírito,
vinde, Amor ardente,
acendei na terra
vossa luz fulgente.

Vinde, Pai dos pobres:
na dor e aflições,
vinde encher de gozo
nossos corações.

Benfeitor supremo
em todo o momento,
habitando em nós
sois o nosso alento.

Descanso na luta
e na paz encanto,
no calor sois brisa,
conforto no pranto.

Luz de santidade,
que no Céu ardeis,
abrasai as almas
dos vossos fiéis.

Sem a vossa força
e favor clemente,
nada há no homem
que seja inocente.

Lavai nossas manchas,
a aridez regai,
sarai os enfermos
e a todos salvai.

Abrandai durezas
para os caminhantes,
animai os tristes,
guiai os errantes.

Vossos sete dons
concedei à alma
do que em Vós confia:

Virtude na vida,
amparo na morte
no Céu alegria. Amém.

(Pausa de silêncio para pedir de modo pessoal a vinda do Espírito Santo. Quando a oração for recitada por integrantes de grupo de oração, completar com todos orando juntos.)

5. Dirigente: Oremos:

Nós vos pedimos, Senhor Deus de Amor, fazei que o Espírito Santo nos abrase com aquele fogo que Nosso Senhor Jesus Cristo veio acender no coração de todos os homens e mulheres de boa vontade. Que convosco vive e reina, na unidade do Espírito Santo. Amém.

6. Canto: A nós descei, divina luz!

Refrão: A nós descei, divina luz! A nós descei, divina luz! Em nossas almas acendei o amor, o amor de Jesus.

1. Vós sois a alma da Igreja (2x), vós sois a vida, sois o amor, Vós sois a graça benfazeja, que nos irmana no Senhor.

2. Divino Espírito, descei; os corações vinde inflamar, e as nossas almas preparar (2x), para o que Deus nos quer falar.

7. Leitor: (texto bíblico e meditação de uma das novenas do capítulo anterior) (de pé)

8. Pausa de silêncio para interiorizar a meditação (sentados). (Quando o grupo é pequeno, principalmente nas casas, pode ser feita uma partilha sobre o texto do dia. A partir do segundo dia, alguém pode falar do modo como está sentindo o Espírito Santo agir em sua vida.)

9. Canto — Refrão: Espírito, Espírito Santo de Deus (bis)

Vem controlar todo meu ser, vem dirigir o meu viver, o meu pensar, o meu falar, o meu sentir, o meu agir.

(Repetir o canto segurando nas mãos das pessoas, como sinal de intercessão uns pelos outros para pedir o derramar do Espírito.)

10. Dirigente: Como os primeiros cristãos, vamos impor as mãos, primeiro na pessoa da direita e depois na da esquerda, para pedir um novo Pentecostes. Enquanto impomos as mãos, dizemos:

Derrama o mesmo fogo do Espírito Santo de Pentecostes

(Quando os participantes são de grupo de oração, faz-se a oração todos juntos.)

11. Preces comunitárias

Dirigente: Peçamos ao Espírito que ilumine os nossos corações e a terra inteira. No final de cada oração cantaremos:

Envia teu Espírito, Senhor, e renova a face da terra.

Leitor: Luz de Deus, dissipa as trevas das minhas dúvidas e guia-me.

Leitor: Fogo de Deus, derrete o gelo da minha indiferença e abrasa-me.

Leitor: Fonte de Deus, fecunda os desertos da minha vida e renova-me.

Leitor: Força de Deus, rompe as cadeias das minhas escravidões e liberta-me.

Leitor: Alegria de Deus, afasta os fantasmas dos meus medos e conforta-me.

Leitor: Coragem de Deus, liberta as asas do meu espírito e lança-me para o alto.

Leitor: Vida de Deus, destrói as sombras da minha morte e ressuscita-me.

12. Peçamos à Virgem Maria que, do mesmo modo como ela ficou cheia do Espírito Santo no dia de Pentecostes, esta novena traga para todos nós uma forte renovação espiritual. Rezemos a devoção das três Ave-marias.

13. Consagração ao Espírito Santo (S. Pio X):

Espírito Santo,
Divino Espírito de luz e de amor,
eu Vos consagro a minha inteligência,
o meu coração e a minha vontade,
todo o meu ser, no tempo e na eternidade.
Que a minha inteligência seja sempre dócil
às vossas celestes inspirações e à doutrina da Santa Igreja católica, de quem sois guia inefável.
Que o meu coração esteja sempre inflamado
de amor a Deus e ao próximo.
Que a minha vontade seja sempre conforme a vontade divina
e que toda a minha vida
seja uma imitação fiel da vida
e das virtudes de Nosso Senhor e Salvador Jesus Cristo,
a quem com o Pai e convosco
sejam dadas honra e glória para sempre.
Amém.

14. Bênção final

O Espírito Santo, que nos foi dado no Batismo, nos fortaleça sempre com os seus dons.

Amém.

O Espírito Santo, que desceu como fogo sobre os apóstolos, incendeie os nossos corações com poder e entusiasmo.

Amém.

O Espírito Santo, que é a alma da Igreja, nos torne perseverantes na fé, nos confirme na esperança e nos dê coragem para testemunhar Jesus.

Amém.

Abençoe-nos...

Amém.

14. Canto final

1. Cantai ao Senhor um cântico novo (3x),
cantai ao Senhor, cantai ao Senhor.
2. Porque Ele fez, Ele faz maravilhas (3x),
cantai ao Senhor, cantai ao Senhor.
3. É Ele quem dá o Espírito Santo (3x),
cantai ao Senhor, cantai ao Senhor.
4. Jesus é o Senhor, Amém, Aleluia (3x),
cantai ao Senhor, cantai ao Senhor.
5. Louvai o Senhor, Amém, Aleluia (3x),
cantai ao Senhor, cantai ao Senhor.

Capítulo seis

Dez dias com o Espírito Santo Meditações em preparação ao Dia de Pentecostes

Estas meditações em preparação ao Dia de Pentecostes podem ser feitas como um complemento diário à novena.

Oração preparatória para todos os dias

Vinde, ó Espírito Santo, enchei os corações dos vossos fiéis, e acendei neles o fogo do vosso amor.

V. Enviai o vosso Espírito e tudo será criado.
R. E renovareis a face da terra.

Oremos

Deus, que iluminastes os corações dos vossos fiéis com a luz do Espírito Santo, dai-nos compreender o que é reto e gozarmos sempre da sua consolação. Por Jesus Cristo, Nosso Senhor. Amém.

Primeiro dia

Primeiro ponto: O Espírito Santo é Deus e Deus de toda a majestade. E eu sou uma miserável criatura; entretanto, ó infinita bondade, esse Deus tão grande, esse divino Consolador humilha-se até descer em minha alma. Ainda mais: quantas vezes sua misericordiosa caridade não o levou, por assim dizer, a bater à porta do meu coração para pedir-lhe hospedagem? E eu serei tão indiferente que não o convide? E não imitarei os discípulos de Nosso Senhor Jesus Cristo e sua divina Mãe que, depois da ascensão do Salvador, se recolheram ao Cenáculo para aí esperar o Espírito Santo que lhes prometera? Eis, minha alma! Viva confiança e ardente desejo! Repitamos muitas vezes: Vinde, Espírito Santo!

Segundo ponto: Eu convido o Espírito Santo... mas tenho-lhe preparado uma morada? Onde está o trono do meu Rei? Onde está o templo de meu Deus? Meu coração está pronto? Tudo nele se acha bem ordenado? Ah! É mister dispô-lo nestes dias a receber a divina luz que vem do alto. Essa luz é uma ação celeste, sobrenatural, divina; exige disposições adequadas aos seus efeitos. Elevemos, pois, nossos corações ao céu. Ao céu nossos pensamentos e afetos. Fujamos à dissipação das criaturas, se quisermos realmente unir-nos ao Criador. Recolhimento, silêncio, oração, guarda dos sentidos, mortificação... Eis de que modo podemos dispor-nos a tão grande graça.

Terceiro ponto: Quanto precisamos receber um raio desta divina luz! Donde vêm tantas quedas? Será da falta de luz que nos ilumine, ou de nossa cegueira? Donde tantos pecados? Por que tão pouco amor Àquele a quem devemos amar sobre todas as coisas?. É porque esta divina luz não ilumina nossas almas? Ah! Fechemos os olhos às vaidades da terra, para abri-los à divina luz do Espírito Santo! Felizes de nós se um dos seus raios chegar até nosso coração! Vinde, Espírito Santo, dizei a este abismo de misérias e de trevas: “Faça-se a luz!”. E logo ela descerá sobre nós.

Primeiro exame: Sobre o Recolhimento

1. Farei eu parte destes cristãos dissipados ou negligentes, que quase nunca entram em si mesmos para ver o estado de sua alma e escutar a voz da consciência?
2. Nada tenho de reformar a respeito das conversações inúteis e visitas em que se perde o espírito de piedade?
3. Quando na oração ou em outros exercícios de piedade, Deus me envia alguma luz interior ou um bom

sentimento, não me distraio logo me ocupando com coisas diferentes?

Propósito

Entremos em nós mesmos! Estamos bem com Deus? Podemos ficar satisfeitos com nosso modo de viver? Foi depois de um salutar exame sobre si mesmo que o filho pródigo voltou a seu pai. No meio de nossas ocupações, esforcemonos para elevar nosso pensamento a Deus.

Jaculatória

Vinde, Espírito Santo, e mandai do Céu um raio de vossa luz!

Segundo dia

Primeiro ponto: Sou pobre... Talvez não me faltem os bens terrenos, porém quão passageiros são! De que me servirão eles no fim da minha vida? Oh! Os verdadeiros bens são os da alma, os da eternidade... e esses eu não possuo! Onde estão minhas virtudes, minha piedade, minhas boas obras? Que proveito tenho tirado da graça de Deus? Ai de mim! Talvez o pecado mortal já tenha me reduzido à maior miséria. Desabusemo-nos e não temamos fazer ao Dispensador de todos os bens a humilde confissão de nossa extrema indigência. "Ego vir videns paupertatem meam." — Longe de nós o orgulho!

Segundo ponto: Apressemo-nos em sair desta deplorável indigência. Eis que chega o Dispensador das graças, das virtudes e de todos os bens celestes. "Dator munerum", num instante Ele pode transformar nossa indigência em grande riqueza. Seus tesouros são inesgotáveis, sua liberalidade infinita. Se permanecemos em nossa pobreza, é por negligência e tibieza nossa.

Terceiro ponto: Não sou apenas pobre, como também cego. Que deplorável estado! Entretanto é real. Dentro de mim quantas trevas para tudo o que diz respeito ao bem de minha alma e ao importante negócio de minha salvação. Ter para com Deus um coração frio e gelado não é prova evidente de que vivo sem conhecer a esse Deus, tão digno de ser amado sobre todas as coisas? Esquecer-me de meus deveres para com meu Criador, até cometer o pecado mortal, não é prova de que nunca conheci bem a deformidade, a malícia e a torpeza do pecado? Se uma vez me tivesse compenetrado desta grande e terrível verdade: "Há um inferno e um inferno eterno", me haveria exposto ao perigo de perder a graça de meu Deus e com ela a eterna felicidade? Quantos motivos para levantar meus olhos ao Espírito de Luz e exclamar como o cego do Evangelho: "Senhor, fazei que eu veja", "Domine, fac ut videam!" e com o Rei Davi: "Ó Meu Deus, dai à minha alma luz e inteligência!".

Segundo exame: Obstáculo aos Dons do Espírito Santo — Os afetos desregrados

1. Não tenho demasiado apego ao dinheiro? Minhas despesas são sempre necessárias, úteis, razoáveis?
2. Não procuro demasiada satisfação de meus sentidos e de minha moleza?
3. Não sou escravo do amor próprio, da vaidade, da minha estima pessoal, ao passo que desaprovo e censuro meu próximo?

Propósito

A fim de arrancar as afeições desordenadas que nascem da avareza, da sensualidade e do orgulho, farei algum ato de mortificação, de caridade.

Jaculatória

Purificai minha alma, ela está manchada; regai-a, está árida; curai-a, está ferida.

Terceiro dia

Primeiro ponto: Ao me dar ao serviço de Deus, eu quisera sentir somente doçura e consolações. Que cegueira! Ignoro eu que esta vida não é para gozar-se. Agora é o tempo do combate e da prova. Pois bem: consola-te, minha alma; podes, sim, procurar consolações. Mas não as peças ao mundo. Suas promessas são falazes e suas consolações torpes e passageiras. O demônio e o pecado também nos apresentam sua taça de prazeres, mas um veneno sutil está escondido no fundo do cálice, exteriormente tão delicioso... Quantas lágrimas eternas a ilusão de um instante nos fará derramar! Só o Espírito Santo pode dar-nos verdadeiras consolações e as dá àqueles que renunciam com generosidade aos prazeres e aos gozos que lhe oferecem o mundo e o pecado. Não aspiremos mais tão falsas consolações; não nos deixemos seduzir por enganadoras promessas!

Segundo ponto: Muitos são os que querem entrar em meu coração para nele estabelecer morada: o demônio, o vício, o mundo e o Espírito Santo. Todos dizem: “Filho, dá-me teu coração!”. Quem terá minha preferência? Não há que hesitar. Ah! Ó divino Espírito Santo, vós sereis o hóspede amável, o hóspede caro ao meu coração. Os outros, para serem recebidos, fazem mil promessas lisongeiras, mas, apenas entram em um coração, transformam-se em cruéis tiranos para torturá-lo com angústias, remorsos e temores. Já não temos feito a triste experiência? Ah! Longe tudo quanto não é de Deus; ao Espírito Santo ofereçamos nossos pobres corações para que neles estabeleça sua morada. Ó Deus de minha alma, vós sois a minha herança para sempre!

Terceiro ponto: Quanto é doce e suave nos calores do verão o sopro ligeiro da brisa! Eis a fraca imagem do que experimenta a alma quando o Espírito Santo se digna visitá-la com esse sopro divino que a Sagrada Escritura chama de murmúrio dum brando zéfiro. Mas talvez nada compreendamos dessas delícias espirituais. Talvez mesmo pareçam quimeras! Pois bem! Façamos hoje o que fazem as almas santas que as têm experimentado. Pensemos seriamente na recepção que desejamos fazer ao Espírito Santo. Talvez chegue hoje o momento em que compreendamos e sintamos quanto o Senhor é amável!

Terceiro exame: Obstáculo aos Dons do Espírito Santo — A preguiça

1. Ao acordar-me pela manhã ou durante a noite, sou pontual em elevar meu coração a Deus por meio de alguma oração?
2. Sou exato ao fazer minhas coisas espirituais?
3. Quando sou mais fortemente tentado, ou quando tenho a desgraça de cair no pecado, não desanimo e não deixo meus deveres de piedade, aos quais deveria recorrer com mais rigor?

Propósito

Nas principais orações do dia, renovarei a intenção reta e pura de fazer em tudo a vontade de Deus e lembrar-me-ei amiúde de sua presença.

Jaculatória

Senhor, para vós, em vossa presença e por vós!

Quarto dia

Primeiro ponto: É impossível que eu não tenha algum sofrimento ou alguma cruz, pois quem neste mundo não sofre? Bastam a dependência que constrange minha liberdade, a sujeição e as fadigas de meu emprego, as solicitudes inerentes a meu estado... para que me ache em contínuo penar. Quantas vezes suspiro por algum alívio! Mas não há outro mais salutar para mim do que oferecer ao Espírito Santo essas penas inseparáveis da vida, declarando-lhe que as suporto de bom grado por serem de sua vontade. Acostumemonos a renovar amiúde esta intenção e, em pouco tempo, veremos a verdade da divina palavra: "Meu jugo é suave e meu peso é leve".

Segundo ponto: As tentações. Ah! Entre tantos motivos de sofrimento, é esse, sem dúvida, o que mais nos aflige. Que fazer? Haverá alguém sobre a terra que seja isento de tentações e livre desses combates interiores que se dão entre a carne e o espírito? Os maiores Santos foram tentados. Longe de perdermos no meio dessas provas a paz da alma, devemos, pelo contrário, opôr-lhes generosa resistência. Se a tentação for demasiado violenta, se nosso coração se sentir como que abrasado nas chamas infernais, sem tardar brademos ao Espírito Santo! Sua virtude divina apagará qualquer chama impura, e o fogo sagrado do divino amor extinguirá o da concupiscência. Abrasai, Senhor, nossos corações no fogo do vosso Santo Espírito, a fim de que num corpo casto e com um coração puro possamos vos servir e agradar.

Terceiro ponto: O Espírito Santo é o Deus da Consolação. Ele consola os que choram e é por isso chamado Paráclito ou Consolador. Ah! donde vem que no meio das lágrimas que derramo cada dia ainda não senti os efeitos desse bálsamo divino? A que atribuir isso? Nas minhas penas e lágrimas voltei meu coração para o Espírito Santo Consolador? Quando me achei sob o peso da aflição, foi a ele e não às criaturas que pedi alívio e consolo? Ainda mais: qual foi a causa das minhas lágrimas? Tudo, exceto os meus pecados. Comecemos, pois, por chorar nossas faltas e veremos que nada há mais doce que a compunção. Só para aqueles que derramam essas lágrimas é que o Espírito Santo quer ser o Deus da consolação. Felizes os que choram, porque serão consolados!

Quarto exame: Obstáculo aos Dons do Espírito Santo — O respeito humano

1. Não tenho deixado de pedir conselho por receio de que me julguem ignorante ou escrupuloso?

2. Não adiei a confissão, ou mudei de confessor, só para evitar a vergonha de confessar minhas reincidências nas mesmas faltas?
3. Com receio de censuras ou por condescendência, não omiti certas boas obras, ou não me deixei arrastar ao mal?

Propósito

Farei conhecer ao meu diretor espiritual tudo o que faço, quer de bom, quer de mal. Ao menos todos os meses lhe darei conta de minha consciência. Em tudo lhe pedirei conselho, sabendo que ele é para mim o representante de Deus; confiar-me-ei inteiramente à sua direção.

Jaculatória

Restituí-me a alegria que dá a vossa assistência salutar e fortificai-me com vosso Espírito!

Quinto dia

Primeiro ponto: O Espírito Santo é Deus, logo é luz. Os pecados, pelo contrário, são trevas. Ora, a luz e as trevas não podem permanecer juntas. Nestes dias peçamos ao Espírito Santo que desça sobre nós. Mas não está meu coração envolto nas espessas trevas dos afetos desordenados e das más inclinações? Ah! se por desgraça essas trevas reinam em minha alma, é mister, primeiramente, dissipá-las pelo arrependimento, por uma boa confissão e pela mortificação dos sentidos. De outro modo, o Espírito Santo não escutaria minha oração. Como poderia ele habitar na sombria morada do pecado?

Segundo ponto: Que felicidade, se no grande Dia de Pentecostes eu me achasse cheio do Espírito Divino, cheio de luzes na inteligência, cheio de fervor na vontade! Ó Dia ditoso! Ó admirável mudança! Não serei mais o que até agora fui! Mas seria possível que, desprezando tão maravilhosa transformação, eu preferisse continuar nos meus maus hábitos, nos criminosos afetos do meu coração? Meu Deus, preservai-me de semelhante cegueira! Ó minha alma, recorra à oração, peça instantemente ao Senhor como Davi: "Dai-me, ó Deus, um coração puro e renovai a retidão do meu espírito!".

Terceiro ponto: Quem poderá esperar a plenitude dos dons do Espírito Santo? Os corações que lhe forem fiéis? Os corações fiéis ao Espírito Santo são os que se conformam aos ensinos da fé, os que são dóceis às divinas inspirações, que cumprem fielmente as promessas feitas no batismo, isto é, que renunciam ao mundo, que nada têm de comum com o príncipe das trevas. Que reflexões me sugerem estas obrigações? Acho em mim esses três caracteres da fidelidade ao Espírito Santo?

Quinto exame: Obstáculo aos Dons do Espírito Santo — A inconstância

1. Não costumo deixar, sem motivo plausível, os exercícios de piedade que adotei?
2. Sou fiel às promessas que tão repetidamente faço a Deus, particularmente nas minhas confissões?
3. Conheço a causa desta inconstância? Será o meu gênio? A minha negligência no desempenho dos meus deveres de piedade? Um vil respeito humano? Não basta prometer a Deus; é preciso ainda desprezar os juízos humanos para não nos envergonharmos diante das criaturas da mudança que resolvemos fazer no nosso modo de viver.

Propósito

Serei mais vigilante na guarda dos meus sentidos: da vista, dos meus ouvidos e sobretudo da língua. A grande liberdade dos olhares e das conversações foi-me muitas vezes origem de tentações e de pecados. De manhã à noite, rezarei uma Ave-maria em louvor do Coração Imaculado da Santíssima Virgem, para que ela me alcance o precioso dom da pureza.

Jaculatória

Concedei-me, ó meu Deus, um coração puro e um espírito reto!

Sexto dia

Primeiro ponto: Examinemos até que ponto necessitamos do socorro do Espírito Santo. É de fé que sem seu divino auxílio não podemos pronunciar o nome de Jesus de um modo meritório. Um cadáver seria mais capaz de agir, ver, sentir e andar sem o auxílio de sua alma, do que uma alma fazer qualquer boa ação sem o socorro do Espírito Santo. Confessemos, pois, humildemente, a esse Espírito divino a extrema necessidade que dele temos, e que a nossa fraqueza nos sirva de incentivo para preparar-lhe sempre melhor nosso coração. Lembremo-nos, portanto, que precisamos de sua assistência para essa preparação. Invoquemos o Espírito Santo com toda confiança, persuadidos de que, se nada faltar da nossa parte, Ele estará pronto a auxiliar-nos com sua graça. O Concílio de Trento diz que "Deus não manda coisa impossível, mas quando manda admoesta para que façais o que podeis e peçais o que não podeis, e ajuda para que possais tudo fazer".

Segundo ponto: Um corpo sem alma nada pode fazer: corrompe-se e exala infecção. Do mesmo modo, sem o Espírito Santo, minha alma é incapaz de qualquer bem e capaz de todo o mal. Ela cai na tentação, obstina-se no pecado e, enfim, condena-se. Eu creio e confesso esta verdade. Como é que ainda sou indiferente, sem desejos, sem orações para implorar a assistência do Espírito Santo e preparar minha alma para sua vinda?

Terceiro ponto: Mas se esse divino Espírito me assistir, tudo poderei, sim, tudo absolutamente. Poderei resistir às mais violentas tentações, poderei viver sempre inocente, praticar as mais heróicas virtudes, enfim, tornar-me santo. "Tudo posso naquele que me fortalece" — não somente posso, mas faço tudo com facilidade. Ó minha alma, haverá censuras com que se possam condenar tuas passadas desconfianças quando dizias: "Não me é possível viver sempre assim! Não me é possível viver sem prazeres!". Que poderás temer agora que possuis o Espírito Santo? Qualquer temor ou desconfiança lhe seria injúria.

Sexto exame: Obstáculo aos Dons do Espírito Santo — A obstinação

1. Não vivo na obstinação? Isto é, não persevero em algum pecado ou na ocasião próxima de cometê-lo?
2. Depois de ter a desgraça de cair em pecado, não adio a confessá-lo por negligência ou vergonha? Pela razão que custa tanto se confessar um só pecado como muitos, não tenho multiplicado o número de minhas quedas, como se cada pecado não fosse uma ofensa de Deus e não devesse ser expiado nesta ou na outra vida?
3. Teria eu chegado a ponto de cometer o pecado sem receio e até mesmo a gloriar-me de tê-lo cometido, e a induzir os outros a dizer o mesmo? Minha fatal cegueira ter-me-ia deixado adormecer em paz no pecado, sem cuidar que em semelhante estado tenho a Deus por inimigo?

Propósito

Vou determinar a assentar por escrito que gênero de vida devo adotar ou as resoluções que quero tomar segundo as inspirações do Espírito Santo e a aprovação do diretor espiritual.

Jaculatória

Vinde, Pai dos pobres; vinde, Dispensador dos bens celestes;

Vinde, Luz dos corações!

Sétimo dia

Primeiro ponto: Eu deveria ter conservado a pureza e a inocência batismal. Que felicidade seria então a minha! Mas ah!... só Deus conhece o número de pecados com que tão indignamente manchei minha alma. Quantas lágrimas não deveria eu derramar por ter perdido a bela inocência! Entretanto, em minhas mãos está recuperar a minha primitiva pureza. Ó Espírito Santo, fonte d'água puríssima, vem lavar as manchas do pecado! Misturada às minhas lágrimas, esta água divina será para mim um banho salutar.

Segundo ponto: Queixo-me sempre de não sentir atrativo pela Santa Comunhão nem pela leitura dos livros de piedade; de não ter lágrimas para chorar meus pecados, como eu desejo; em suma, de ser duro como um rochedo, seco como a areia do deserto e como a terra desolada pelos ardores do Sol. Se assim é, por que não exponho ao Espírito Santo essas necessidades de minha alma? Não é Ele a chuva benfazeja que refresca e orvalha os corações? Digamos-lhe sem cessar: "Vinde, Espírito Santo, minha alma está como uma terra sem água...". Por que não lhe pedimos mais inclinação pelas coisas de Deus? Todavia, não devemos fazer-lhe esse pedido só por amor às consolações, mas sim para podermos com seu socorro produzir abundantes frutos de salvação.

Terceiro ponto: O Espírito Santo é também um bálsamo que cura as feridas. Ah! se eu pudesse ver o lastimoso estado de minha alma, quantas chagas descobriria nela, muitas feitas pelo pecado mortal e outras muitíssimas pelo pecado venial, estas menores e menos profundas, porém muito mais numerosas. Não estou eu todo coberto de feridas, como o pobre viajante do Evangelho assaltado pelos ladrões? Que hei de fazer, senão prostrar-me humildemente ante o Espírito Santo, como fazem à porta dos templos esses infelizes roídos de úlceras, implorando a assistência das almas compassivas; e mostrar com profundo sentimento de dor e confusão as chagas de minha alma a este caridoso médico. Ele se compadecerá de meu estado lastimável, e sua virtude poderosa derramará sobre mim um bálsamo salutar.

Sétimo exame: Obstáculo aos Dons do Espírito Santo — A tibieza

1. Nunca deixo minhas orações da manhã e da noite e faço sempre esses exercícios com diligência e atenção?
2. Assisto ao Santo Sacrifício da Missa quando me permitem meus deveres de estado? Achando-me na Igreja, não falto à modéstia e ao respeito? Não tenho escandalizado ao próximo com meu ar dissipado? Preenchendo meus exercícios de piedade, sou verdadeiramente recolhido em meu interior?
3. Não me acostumei a aproximar-me dos Sacramentos com tibieza, aborrecimento ou respeito humano? Antes da confissão, sou diligente em excitar-me à dor de meus pecados pela consideração dos motivos sobrenaturais da bondade de Deus, da minha ingratidão para com Ele?

Propósito

Farei uma pequena penitência cada vez que tiver omitido por negligência qualquer dos meus exercícios de piedade.

Jaculatória

Divino Espírito Santo, purificai minha alma, regai-a, curai-a!

Oitavo dia

Primeiro ponto: A docilidade é um sinal de predestinação. Pelo contrário, é indício de obstinação no mal, como os réprobos, não querer escutar os avisos e conselhos daqueles que são animados de um zelo prudente, e não se deixam dirigir por aqueles a quem Deus confiou esta missão. Temos nós o sincero desejo de ser dirigidos em tudo o que diz respeito à nossa salvação? Damos o respeito devido à santidade da casa de Deus? Demo-nos a conhecer plena e inteiramente ao nosso diretor espiritual? Somos sensíveis às inspirações da graça e aos bons exemplos? Se, pelo contrário, encontrarmos resistência em nossa alma, trabalhemos por torná-la dócil à ação da graça e repitamos amiúde esta oração do sábio: "Senhor, dai ao vosso servo um coração dócil".

Segundo ponto: Nestes dias é que o céu abrasa a terra no fogo do divino amor. O mundo cristão está como engolfado nas chamas da caridade que o Espírito Santo derrama no coração dos fiéis. Seríamos nós tão insensíveis, que no meio deste grande incêndio ficássemos, senão frios, ao menos indiferentes ao serviço do Senhor? Assim acontecerá se não prepararmos nossa alma... Ora, como a lenha verde não se pode queimar se não perder a umidade, é mister também arrancar do nosso coração todos os afetos terrestres e desordenados, que só servem para apagar o fogo do divino amor. Por isso, preparemo-nos: o Senhor vai chegar! Imitemos os Santos nos quais admiramos os efeitos desse fogo sagrado.

Terceiro ponto: O mais deplorável engano em que posso cair é o de errar na escolha de um estado de vida. Dele depende minha salvação eterna. Praza a Deus que nas minhas resoluções sobre o futuro, eu já não me tenha afastado do caminho que a Providência me indicou, guiando-me pelos caprichos de minha vontade, pelos desejos da ambição ou por qualquer outro mau conselho. É sobretudo neste ponto que eu devo protestar ao Espírito Santo não querer outro guia, a não ser Ele. Vou implorar instantemente nestes dias de graças o socorro de suas luzes, pedindo-lhe que me indique o caminho que devo trilhar. Mas Ele exige que eu humildemente peça os avisos e as luzes dos que me dirigem.

Oitavo exame: Obstáculo aos Dons do Espírito Santo — A presunção

1. Não me acontece que, contando com minhas forças, eu me exponho à ocasião do pecado, sem temer nem sua funesta influência, nem minha própria fraqueza?

2. Toda minha virtude não consiste só em certas práticas exteriores de devoção, como se minha salvação dependesse unicamente delas sem que eu me corrija de meus defeitos, arranque os maus hábitos e vença as paixões?
3. Presumindo demais da paciência e misericórdia de Deus, não tenho recaído nos mesmos pecados sem temer que a medida já esteja cheia e que, cansado com minhas ingratidões, o Senhor me abandone?

Propósito

Que fazer quando temos a desgraça de cair no pecado mortal? Humilhar-nos logo perante Deus, fazer um sincero ato de contrição e confessar-nos o mais breve possível, a fim de não permanecermos neste estado de morte, em perigo de perdição eterna.

Jaculatória

Fazei, Senhor, que eu vos tema, se ainda não sei amar.

Nono dia

Primeiro ponto: Entre os sete dons que o Espírito Santo concede aos seus servos, três sobretudo lhes são mais necessários. O primeiro é o dom da força: "Sede fortes no combate!" — eis o grito de guerra que todos os dias se repete. E o nosso divino Mestre nos ensina que, para ganhar o Céu, é necessário não só a força, como também a "violência". Devo, pois, resistir com a coragem de leão aos assaltos que me dá o inimigo da salvação. É este o caráter que me distingue? Não. A mais fraca tentação me abala. A menor palavra me faz recuar e me põe fora de combate. Eu, que deveria ser inabalável como o cedro, sou como o caniço que um leve sopro dobra e quebra. Humilhemo-nos, vendo tanta fraqueza, e peçamos o dom da força tão necessário para permanecermos firmes no meio de tantos perigos. Lembremo-nos também que a fonte dessa fraqueza é a presunção que nos impele a afrontar os perigos.

Segundo ponto: O segundo dom de que muito precisamos é o da piedade. Esta virtude se pratica com Deus e com os pais. Todos os dias digo a Deus: "Pai Nosso". Se Deus é meu Pai, onde está o meu amor filial para com ele? Não sou eu o outro filho pródigo? Oh! Se assim for, lança-te nos braços de tão bom Pai e dize-lhe com o mais vivo arrependimento: "Meu Pai, pequei contra o céu e contra vós; não sou digno de ser chamado vosso filho". E, dirigindo-te depois ao Espírito Santo, suplica-lhe que te torne doravante digno filho de um Pai tão bom.

Terceiro ponto: O terceiro dom é o do temor de Deus. Temor de Deus é observar seus mandamentos. Eis a verdadeira grandeza, a verdadeira sabedoria. Se eu temer a Deus, não temerei mais os homens. Bem-aventurada a alma que teme o Senhor! Supliquemos ao Espírito Santo que nos conceda este tão precioso dom. Para alcançá-lo, recorramos à intercessão da Santíssima Virgem: ela é a Mãe do belo amor e a Mãe do temor de Deus.

Nono exame: Obstáculo aos Dons do Espírito Santo — A fonte dos pecados

1. Qual é a fonte mais ordinária dos meus pecados?
2. Sou tão pouco senhor de mim que ainda me deixo dominar pela ira e pelo ressentimento, dando aos outros ocasião de fazer o mesmo?
3. Tenho ainda viva em mim a concupiscência, que me custa demais privar-me de prazeres permitidos e abster-me dos proibidos?

Propósito

Estou resolvido a corrigir-me dos numerosos pecados, que demasiada liberdade nas palavras me faz cometer contra a verdade, a caridade e a pureza. E, como remédio eficaz para em pouco tempo arrancar os meus maus hábitos, farei uma pequena penitência cada vez que cair em alguma falta sobre esses três pontos.

Jaculatória

Virgem incomparável, a mais doce das criaturas, alcança-me o perdão dos meus pecados e as virtudes da doçura e da castidade!

Décimo dia

Primeiro ponto: Se eu não salvar a minha alma, tudo o mais de nada me servirá. A nobreza de origem, as riquezas, os talentos, tudo isso não terá valor algum. Com efeito, se eu me condenar, de que me servirá ter ocupado alta posição na sociedade? Ter nadado na opulência e nos prazeres, para depois ser cruciado nas chamas eternas? Brilhar pelo saber e gênio e depois perder a imortal coroa? É tempo agora de pensar seriamente nessas verdades e, seguindo as inspirações do Espírito Santo, ordenar o importante negócio da minha salvação. Protestar-lhe mais por obras do que por palavras, que minha vontade firme e sincera é salvar minha alma a todo custo. Ó meu Deus, abençoai, fortalecei e aperfeiçoai em mim esses propósitos até agora tão fracos e lânguidos.

Segundo ponto: Tenho compreendido bem o sentido destas palavras: "Salvar minha alma?". Salvar-se é merecer e ganhar uma felicidade sem medida e sem fim. Serei eu tão insensato que prefira satisfações momentâneas e vis prazeres a uma felicidade eterna? Oh! Deus sabe e eu também o que tenho feito até agora. Ó minha alma, não tarde em fazer com o Espírito Santo um contrato tão vantajoso. Ele nos promete a eterna felicidade se por seu amor sacrificarmos generosamente os prazeres lícitos desta vida passageira.

Terceiro ponto: Não devo mais hesitar. Se eu quiser ganhar o Paraíso, é mister comprá-lo pela prática das virtudes cristãs, sobretudo da paciência e da mortificação. Pretenderia eu alcançar isso por menor preço do que Jesus

Cristo? Ora, foi mister que Cristo sofresse, para entrar na sua glória. Não basta, pois, pedir apenas ao Espírito Santo a graça de chegar a esse reino de glória e felicidade. É preciso preparar-se por uma vida cheia de virtudes e méritos. E desde que tenho a certeza de que a graça de Deus não há de faltar, quero trabalhar com coragem e nada negligenciar, para que estes dias de preparação e meditação dos mistérios de Pentecostes sejam para mim o princípio de uma nova vida.

Décimo exame: Sobre a Perseverança

1. Por quanto tempo fui fiel às boas resoluções que tenho tomado?
2. Que meios emprega o demônio para me fazer recair nas mesmas faltas?
3. Qual é a causa mais ordinária das minhas quedas?

   Não seria a omissão voluntária de uma prática de piedade bem começada e logo depois deixada por indiferença?

   Não seria a facilidade com a qual escuto as sugestões do demônio e das paixões?

   Uma faísca basta para causar um grande incêndio.

Propósito

Vou tomar nota das boas resoluções que o Espírito Santo me inspirou nesta novena, suplicando-lhe que me ajude com sua graça a observá-las fielmente, a fim de que Ele opere em minha alma a mesma mudança que operou nos Apóstolos, isto é, uma transformação total, generosa e permanente.

Implorarei também a poderosa intercessão da Santíssima Virgem, que a Igreja chama templo do Espírito Santo, e, ao receber a santa Comunhão no Dia de Pentecostes, me lembrarei de que foi no Cenáculo, onde Jesus instituiu a Santíssima Eucaristia, que os Apóstolos, juntamente com Maria Santíssima, receberam o Espírito Santo com a abundância de seus dons.

Capítulo sete

Coroa do Espírito Santo

A Coroa do Divino é uma oração rezada como um terço, composta de sete "mistérios" correspondentes aos sete dons do Espírito Santo. A cada mistério é pedido um dom, repetindo sete vezes uma súplica ao Espírito Santo, e no final se pede a intercessão de Maria. No final da Coroa, são rezadas mais três invocações a Maria. Para auxiliar a contagem das invocações, utiliza-se uma corrente com contas vermelhas, parecida com o terço. Essa devoção se origina de uma exortação do Papa Leão XIII, datada de 5 de maio de 1895, na qual aconselha os católicos a fazerem devotamente a novena do Espírito Santo e sugere a seguinte fórmula:

Coroa do Divino Espírito Santo — 1

Deus, vinde em nosso auxílio.
Senhor, apressai-Vos em socorrer-nos.
Glória ao Pai, ao Filho e ao Espírito Santo. Assim como era no princípio, agora e sempre.

Amém.

1º Mistério — Vinde, Espírito de Sabedoria, desprendei-nos das coisas da Terra e infundi-nos o amor e o gosto pelas coisas do Céu.

— Vinde, Espírito Santo, enchei os corações dos vossos fiéis e acendei neles o Fogo do Vosso amor. Vinde e renovai a face da Terra.

(Repete-se sete vezes a mesma invocação e, ao fim, esta outra a Maria:)

— Ó Maria, que por obra do Espírito Santo concebestes o Salvador, rogai por nós.

2º Mistério — Vinde, Espírito de Entendimento, iluminai a nossa mente com a luz da Eterna Verdade e enriquecei-a de puros e santos pensamentos.

— Vinde, Espírito Santo, enchei os corações dos vossos fiéis e acendei neles o Fogo do Vosso amor. Vinde e renovai a face da Terra (sete vezes).

— Ó Maria, que por obra do Espírito Santo concebestes o Salvador, rogai por nós.

3º Mistério — Vinde, Espírito de Bom Conselho, fazei-nos dóceis às Vossas santas aspirações e guiai-nos no caminho da salvação.

— Vinde, Espírito Santo, enchei os corações dos vossos fiéis e acendei neles o Fogo do Vosso amor. Vinde e renovai a face da Terra (sete vezes).

— Ó Maria, que por obra do Espírito Santo concebestes o Salvador, rogai por nós.

4º Mistério — Vinde, Espírito de Fortaleza, dai-nos força, constância e vitória nas batalhas contra os nossos inimigos espirituais e corporais.

— Vinde, Espírito Santo, enchei os corações dos vossos fiéis e acendei neles o Fogo do Vosso amor. Vinde e renovai a face da Terra (sete vezes).

— Ó Maria, que por obra do Espírito Santo concebestes o Salvador, rogai por nós.

5º Mistério — Vinde, Espírito de Ciência, sede o Mestre de nossas almas e ajudai-nos a praticar os Vossos santos ensinamentos.

— Vinde, Espírito Santo, enchei os corações dos vossos fiéis e acendei neles o Fogo do Vosso amor. Vinde e renovai a face da Terra (sete vezes).

— Ó Maria, que por obra do Espírito Santo concebestes o Salvador, rogai por nós.

6º Mistério — Vinde, Espírito de Piedade, vinde morar em nossos corações, tomai conta deles e santificai todos os seus afetos.

— Vinde, Espírito Santo, enchei os corações dos vossos fiéis e acendei neles o Fogo do Vosso amor. Vinde e renovai a face da Terra (sete vezes).

— Ó Maria, que por obra do Espírito Santo concebestes o Salvador, rogai por nós.

7º Mistério — Vinde, Espírito do Santo Temor de Deus, reinai em nossa vontade e fazei que estejamos sempre dispostos a antes sofrer e morrer que Vos ofender.

— Vinde, Espírito Santo, enchei os corações dos vossos fiéis e acendei neles o Fogo do Vosso amor. Vinde e renovai a face da Terra (sete vezes).

— Ó Maria, que por obra do Espírito Santo concebestes o Salvador, rogai por nós.

Oremos

Ó Divino Espírito Santo, Vós que me esclareceis de tudo, que iluminais todos os meus caminhos para que eu possa atingir a felicidade, Vós que me concedeis o sublime dom de perdoar e esquecer as ofensas e até o mal que me tenham feito, a Vós, que estais comigo em todos os instantes, eu quero humildemente agradecer por tudo o que tenho, por tudo que sou e confirmar uma vez mais a minha intenção de nunca me afastar de Vós por maior que seja a ilusão ou tentação material, com a esperança de um dia merecer e poder juntar-me a Vós e a todos os meus irmãos na glória e na paz da eternidade.

Assim seja, Amém.

As Invocações a Maria Santíssima

1ª invocação — Ó puríssima Virgem Maria, que pela Vossa Conceição Imaculada fostes pelo Espírito Santo transformada em tabernáculo predileto da Divindade, rogai por nós.

— Para que o Divino Paráclito venha o quanto antes renovar a face da Terra.

— Ave, Maria...

2ª invocação — Ó puríssima Virgem Maria, que no mistério da Encarnação, Vos tornastes pela virtude do Espírito Santo verdadeira Mãe de Deus, rogai por nós.

— Para que o Divino Paráclito venha o quanto antes renovar a face da Terra.

— Ave, Maria...

3ª invocação — Ó puríssima Virgem Maria, que no Cenáculo, em oração com os apóstolos, fostes repleta do Espírito Santo, rogai por nós.

— Para que o Divino Paráclito venha o quanto antes renovar a face da Terra.

— Ave, Maria..

Vinde, Espírito Santo, enchei os corações dos Vossos fiéis e acendei neles o Fogo do Vosso Divino Amor.

Enviai o vosso Espírito e tudo será criado e, assim, renovareis a face da Terra.

Oremos

Ó Deus, que instruístes os corações dos Vossos fiéis com as luzes do Espírito Santo, fazei que apreciemos retamente todas as coisas segundo o mesmo Espírito e gozemos sempre de sua consolação, por Cristo, Nosso Senhor.

Amém.

Oração a Nossa Senhora

Senhor Jesus Cristo, Filho de Deus Pai, peço-Vos enviar agora à Terra o Vosso Espírito.

Fazei que o Espírito Santo habite no coração de todos os povos, a fim de que sejamos preservados da corrupção, das calamidades e da guerra.

Seja a Senhora de todos os povos, Maria Santíssima, a nossa advogada.

Amém.

Coroa em honra ao Espírito Santo — 2

Ato de contrição

Por ser Vós tão bom, arrependo-me, Deus meu, de ter pecado contra Vós e prometo com vossa graça não Vos ofender mais daqui em diante.

Hino

Vinde, Espírito Criador,
Visitai as almas de vossos servos,
Enchei de celestiais graças
Os corações que haveis criado.
Sois chama do paráclito, o Consolador,
Dom do Altíssimo Deus,
Fonte viva, fogo, caridade e unção espiritual.
Vós, que dais os vossos sete dons,
Sois o dedo, a fortaleza do Pai.
Sois o Prometido do mesmo Pai
E nos inspirais o que temos de dizer.
Acendei com vossa luz nossos sentidos,
Infundi vosso amor em nossos corações

E fortalecei com perpétuo auxílio
A debilidade de nossa carne.
Afastai de nós o inimigo de nossas almas,
Dai-nos pronta a paz do coração,
E postos abaixo de vossa direção,
Evitaremos todo o nocivo.
Por Vós conhecemos o Pai,
E também o Filho, e por Vós, que procedeis de ambos.
V. Enviai vosso Espírito, e as coisas serão criadas.
R. E renovareis a face da terra.

Oração

Ó Deus, que haveis instruído os corações dos fiéis pela luz do Espírito Santo, concedei-nos por este mesmo Espírito o gostar do que é bom e aproveitar sem cessar o que é a fonte da divindade.

Por Cristo nosso Senhor. Amém.

Primeiro Mistério: Jesus foi concebido da Virgem Maria por virtude do Espírito Santo

Meditação

"O Espírito Santo descerá sobre ti, e a virtude do Altíssimo te cobrirá com sua sombra.

Por causa disso, o fruto Santo que de Ti nascerá será chamado filho de Deus" (Lc 1,35).

Propósitos

Pedir o socorro do divino Espírito e a intercessão de Maria, para imitar as virtudes de Jesus Cristo, modelo dessas virtudes, para que sejamos conformes à imagem do filho de Deus.

Pai-nosso, Ave-maria e sete Glórias.

Segundo Mistério: O Espírito do Senhor pousou sobre Jesus

Meditação

"Batizado, pois, Jesus, ao instante em que saiu da água, se abriram os céus, e vimos descer o Espírito Santo à maneira de uma pomba, e pousar sobre Ele" (Mt 3,16).

Propósitos

Estimai soberanamente a inapreciável graça santificante que tem sido derramada em vosso coração pelo Espírito Santo no batismo.

Guardai o que haveis prometido e exercitai em contínuos atos de fé, esperança e caridade.

Vivei sempre como convém aos filhos de Deus e aos membros da verdadeira Igreja de Deus, a fim de que recebais depois desta vida a herança do céu.

Pai-nosso, Ave-maria e sete Glórias.

Terceiro Mistério: Jesus foi conduzido pelo Espírito Santo ao deserto

Meditação

"Jesus, pois, cheio do Espírito Santo, partiu do Jordão, e foi conduzido pelo Espírito ao deserto; e ali esteve quarenta dias e foi tentado pelo diabo" (Lc 4,1-2).

Propósitos

Estai sempre agradecidos pelos sete dons do Espírito Santo, que haveis recebido na confirmação: pelo Espírito de sabedoria e de inteligência, de conselho e de fortaleza, de ciência e de piedade e de temor de Deus.

Obedecei fielmente ao Guia divino, a fim de trabalhar em todos os perigos desta vida e em todas as tentações, como convém a um perfeito cristão e a um esforçado filho de Jesus Cristo.

Pai-nosso, Ave-maria e sete Glórias.

Quarto Mistério: O Espírito Santo na Igreja

Meditação

"De repente sobreveio do céu um ruído, como de vento impetuoso, e tomou toda a casa onde estavam; e foram cheios todos do Espírito Santo e começaram a falar as maravilhas de Deus" (At 2,2.4).

Propósitos

Dai graças a Deus porque nos tem feito filhos de sua Igreja, à qual o Espírito Santo, enviado ao mundo no dia de Pentecostes, vivifica e governa sempre.

Escutai e segui o Soberano Pontífice que pelo Espírito Santo ensina infalivelmente, e a Igreja, que é a coluna e o sustento da verdade.

Guardai seus dogmas, propagai sua causa, defendei seus direitos.

Pai-nosso, Ave-maria e sete Glórias.

Quinto Mistério: O Espírito Santo na alma do justo

Meditação

"Não sabeis que vossos corpos são templos do Espírito Santo, que habita em vós?" (1Cor 6,19).

"Não extingais o Espírito" (Ts 5,19); **"e não queirais contristar o Espírito Santo de Deus com o qual fostes selados para o dia da redenção"** (Ef 4,30).

Propósitos

Acudi sempre ao Espírito Santo, que está em vós.

Vigiai cuidadosamente pela pureza de vossa alma e de vosso corpo.

Obedecei fielmente às divinas inspirações para obrar os frutos do Espírito: caridade, gozo espiritual, paz, paciência, bondade, benignidade, longanimidade, mansidão, fé, modéstia, continência e castidade.

Pai-nosso, Ave-maria e sete Glórias

Terminar a coroa rezando um credo.

Capítulo oito

Rosário do Espírito Santo

Breve explicação

O Rosário do Espírito Santo é composto de cinco mistérios que lembram fatos da vida de Jesus e de Maria, associados à presença do Espírito Santo.

Ele é bem simples e, ao mesmo tempo, muito profundo.

As Ave-marias são rezadas acrescentando-se uma breve jaculatória (própria de cada mistério) e reservando a parte "Santa Maria, Mãe de Deus..." para a última Ave-maria de cada mistério.

Ao final de cada mistério há uma oração própria.

Primeiro Mistério:
O poder do Espírito Santo cobre a Virgem de Nazaré

Leitura bíblica: Lc 1,35

"Respondeu-lhe o anjo: 'O Espírito Santo descerá sobre ti, e a força do Altíssimo te envolverá com a sua sombra. Por isso o ente santo que nascer de ti será chamado Filho de Deus'."

(pausa para meditação)

1 Pai-nosso, 10 Ave-marias deste modo:

Ave Maria, cheia de graça, o Senhor é convosco, bendita sois vós entre as mulheres e bendito o fruto de vosso ventre, Jesus, concebido por obra do Espírito Santo.

(O final, "Santa Maria, Mãe de Deus...", reza-se apenas uma vez, na 10ª Ave-maria.)

1 Glória ao Pai

Oração

Ó Deus, que ao anúncio do anjo quisestes que o vosso Verbo se fizesse homem no seio virginal de Maria, concedei ao vosso povo, que a honra como verdadeira Mãe de Deus, gozar sempre de sua intercessão junto a vós.

Por Cristo, nosso Senhor. Amém.

Segundo Mistério: Isabel, cheia do Espírito Santo, exalta a Mãe do Senhor

Leitura bíblica: Lc 1,41-42

"Ora, apenas Isabel ouviu a saudação de Maria, a criança estremeceu no seu seio; e Isabel ficou cheia do Espírito Santo. E exclamou em alta voz: 'Bendita és tu entre as mulheres e bendito é o fruto do teu ventre'."

(pausa para meditação)

1 Pai-nosso, 10 Ave-marias deste modo:

Ave Maria, cheia de graça, o Senhor é convosco, bendita sois vós entre as mulheres e bendito o fruto de vosso ventre, Jesus, portador do Espírito de santidade.

(O final, "Santa Maria, Mãe de Deus...", reza-se apenas uma vez, na 10ª Ave-maria.)

1 Glória ao Pai

Oração

Ó Deus, salvador de todos os povos, que por meio da bem-aventurada Virgem Maria, arca da nova aliança, levastes à casa de Isabel a salvação e a alegria, fazei que sejamos dóceis à ação do Espírito e possamos também nós levar Cristo aos irmãos e engrandecer o vosso nome com hinos de louvor e com a santidade da vida. Por Cristo, nosso Senhor. Amém.

Terceiro Mistério:
A maternidade espiritual de Maria junto à cruz

Leitura bíblica: Jo 19,25-30

"Junto à cruz de Jesus estavam de pé sua mãe, a irmã de sua mãe, Maria, mulher de Cléofas, e Maria Madalena. Quando Jesus viu sua mãe e perto dela o discípulo que amava, disse à sua mãe: 'Mulher, eis aí teu filho'. Depois disse ao discípulo: 'Eis aí tua mãe'. E dessa hora em diante o discípulo a levou para a sua casa."

(pausa para meditação)

1 Pai-nosso, 10 Ave-marias deste modo:

Ave Maria, cheia de graça, o Senhor é convosco, bendita sois vós entre as mulheres e bendito o fruto de vosso ventre, Jesus, morto para a nossa salvação.

(O final, "Santa Maria, Mãe de Deus...", reza-se apenas uma vez, na 10ª Ave-maria.)

1 Glória ao Pai

Oração

Pai Santo, que por intermédio do mistério pascal estabelecestes a salvação do gênero humano, concedei a todos os seres humanos, com a graça do vosso Espírito, que sejamos incluídos no número dos filhos adotivos, que Jesus agonizante confiou à Virgem Mãe.

Ele que vive e reina pelos séculos dos séculos. Amém.

Quarto Mistério:
O Espírito Santo desce sobre Maria e os apóstolos

Leitura bíblica: At 1,12-14

"Tendo entrado no Cenáculo, subiram ao quarto de cima, onde costumavam permanecer. Todos eles persevera-

vam unanimemente na oração, juntamente com as mulheres, entre elas Maria, mãe de Jesus, e os irmãos dele."

(pausa para meditação)

1 Pai-nosso, 10 Ave-marias deste modo:

Ave Maria, cheia de graça, o Senhor é convosco, bendita sois vós entre as mulheres e bendito o fruto de vosso ventre, Jesus, fonte inesgotável do Espírito.

(O final, "Santa Maria, Mãe de Deus...", reza-se apenas uma vez, na 10ª Ave-maria.)

1 Glória ao Pai

Oração

Ó Pai, que derramastes os dons do vosso Espírito sobre a bem-aventurada Virgem Maria, que orava com os apóstolos no Cenáculo, fazei que perseveremos unânimes na oração com Maria, nossa Mãe, para levarmos ao mundo, com a força do Espírito, o alegre anúncio da salvação.

Por Cristo, nosso Senhor. Amém.

Quinto Mistério: O Espírito do Filho de Deus, nascido de mulher, age em nós

Leitura bíblica: Gl 4,4-7

"Mas quando veio a plenitude dos tempos, Deus enviou seu Filho, que nasceu de uma mulher e nasceu submetido a uma lei, a fim de remir os que estavam sob a lei, para que recebêssemos a sua adoção. A prova de que sois filhos é que Deus enviou aos vossos corações o Espírito de seu Filho, que clama: 'Aba, Pai!'. Portanto já não és escravo, mas filho. E, se és filho, então também herdeiro por Deus."

(pausa para meditação)

1 Pai-nosso,10 Ave-marias deste modo:

Ave Maria, cheia de graça, o Senhor é convosco, bendita sois vós entre as mulheres e bendito o fruto de vosso ventre, Jesus, primogênito dos filhos de Deus.

(O final, "Santa Maria, Mãe de Deus...", reza-se apenas uma vez, na 10ª Ave-maria.)

1 Glória ao Pai

Oração

Senhor, Pai santo, no admirável plano do vosso amor, quisestes que o vosso Filho nascesse de mulher e a ela ficasse submisso; dai-nos um conhecimento vivo e penetrante do mistério da encarnação do Verbo, para imitá-lo em sua vida escondida até o dia em que, guiados pela Virgem Mãe, entremos exultantes na vossa casa.

Por Cristo, nosso Senhor. Amém.

Capítulo nove

Adoração eucarística para a Vigília de Pentecostes

Comentarista: Nesta Vigília estamos reunidos para pedir que o Senhor renove em nós o prodígio de Pentecostes, para que sejamos vivificados e produzamos frutos de vida nova. Somos comunidade que reza em torno do altar, adorando o Corpo de Cristo, a Sua presença real na Eucaristia. Recebamos Jesus com alegria, que agora está presente no Santíssimo Sacramento, para renovar em nós o poder do Espírito Santo.

Canto inicial: Nós estamos aqui reunidos.

Refrão: Nós estamos aqui reunidos, como estavam em Jerusalém. Pois só quando vivemos unidos é que o Espírito Santo nos vem.

1. Ninguém pára esse vento passando;
   ninguém vê e ele sopra onde quer.
   Força igual tem o Espírito, quando
   faz a Igreja de Cristo crescer.
2. Feita de homens, a Igreja é divina,
   pois o Espírito Santo a conduz.
   Como fogo que aquece e ilumina,
   que é pureza, que é vida, que é luz.
3. Sua imagem são línguas ardentes,
   pois amor é comunicação.
   E é preciso que todas as gentes
   saibam quanto felizes serão.

Saudação do presidente: Em nome do Pai... (Canto: Deus Trino)

Rezemos todos juntos (ajoelhados)
Jesus, nosso mestre, nós te adoramos
Te rendemos graças por todos os Teus dons.
Contemplamos o Teu amor presente na Eucaristia.
Tu acolhes a oração de cada homem e mulher
que vêm a Ti com simplicidade e confiança.
Diante da imensidão do Teu amor
A nossa voz não encontra palavras.
Diante de Ti, colocamo-nos em adoração,
e pedimos que nos renoves com o poder de Pentecostes.

Silêncio e adoração pessoal

Comentarista: O Espírito Santo nos faz encontrar com Jesus na Palavra. Acolhamos com alegria a Palavra Viva de Deus (procissão da Palavra).

Canto: Buscai primeiro

1. Buscai primeiro o Reino de Deus
   e a sua justiça
   E tudo o mais vos será acrescentado,
   Aleluia, Aleluia.
2. Não só de pão o homem viverá,
   mas de toda palavra
   que procede da boca de Deus,
   Aleluia, Aleluia.
3. Se vos perseguem por causa de mim,
   não esqueçais o porquê
   não é o servo maior que o Senhor,
   Aleluia, Aleluia.

Primeira Leitura: Ez 37,1-14

Comentarista: Quando permitimos ao Espírito Santo entrar em nossa vida com o seu sopro vital, aquilo que estava morto torna a viver, o que estava adormecido se desperta. A vida de cada pessoa se torna manifestação do poder de Deus, e a Igreja se transforma em uma fonte que leva amor, paz e plenitude para toda a humanidade.

Leitura do livro do profeta Ezequiel

"A mão do Senhor desceu sobre mim. Ele me arrebatou em espírito e me colocou no meio de uma planície, que estava coberta de ossos. Ele fez-me circular em todos os sentidos no meio desses ossos numerosos que jaziam na superfície. Vi que estavam inteiramente secos. Disse-me o Senhor: 'Filho do homem, poderiam esses ossos retornar à vida?'. 'Senhor Javé', respondi, 'só vós o sabeis'. Ele disse-me então: 'Profere um oráculo sobre esses ossos. Ossos dessecados, dir-lhes-ás tu, escutai a palavra do Senhor: Eis o que vos declara o Senhor Javé: vou fazer entrar em vós o sopro da vida para vos fazer reviver. Porei em vós músculos, farei vir carne sobre vós, cobrir-vos-ei de pele; depois farei entrar em vós o sopro da vida, a fim de que revivais. E sabereis assim que eu sou o Senhor'. Profetizei, pois, assim como tinha recebido ordem. No momento em que comecei, um barulho se fez ouvir, em seguida um ruído ensurdecedor, enquanto os ossos se vinham unir aos outros. Prestando atenção, vi que se formavam sobre eles músculos, que nascia neles carne e que uma pele os recobria. Todavia, não tinham espírito. 'Profetiza ao espírito', disse-me o Senhor, 'profetiza, Filho do homem, e dirige-te ao espírito: eis o que diz o Senhor Javé: vem, espírito, dos quatro cantos do céu, sopra sobre esses mortos para que revivam'. Proferi o oráculo que ele me havia ditado, e daí a pouco o espírito penetrou neles. Retornando à vida, eles se levantaram sobre seus pés: um grande, um imenso exército. Então o Senhor me disse: 'Filho do homem, esses ossos são toda a raça dos israelitas. Eles dizem: nossos ossos estão secos, nossa esperança está morta; estamos perdidos! Por isso, dirige-lhes o seguinte oráculo: eis o que diz o Senhor Javé: ó meu povo, vou abrir os vossos túmulos; eu vos farei sair deles para vos transportar à

terra de Israel. Sabereis então que eu é que sou o Senhor, ó meu povo, quando eu abrir os vossos túmulos e vos fizer sair deles, quando eu meter em vós o meu espírito para vos fazer voltar à vida e quando vos hei de restabelecer em vossa terra. Sabereis então que sou eu o Senhor, que o disse e o executei — oráculo do Senhor'."

Salmo de meditação: Salmo 97,1-6

Refrão: Cantai ao Senhor um cântico novo, porque ele operou maravilhas.

1. Cantai ao Senhor um cântico novo, porque ele operou maravilhas. Sua mão e seu santo braço lhe deram a vitória.
2. O Senhor fez conhecer a sua salvação. Manifestou sua justiça à face dos povos.

Refrão

3. Lembrou-se de sua bondade e de sua fidelidade em favor da casa de Israel. Os confins da terra puderam ver a salvação de nosso Deus.
4. Aclamai o Senhor, povos todos da terra; regozijai-vos, alegrai-vos e cantai.

Refrão

5. Salmodiai ao Senhor com a cítara, ao som do saltério e com a lira.
6. Com a tuba e a trombeta elevai aclamações na presença do Senhor rei.

Refrão

Comentarista: Com o canto de Aleluia, preparemo-nos para ouvir o evangelho.

Canto: Ressuscitou

Ressuscitou (3x) **Aleluia, Aleluia, Aleluia, Aleluia,** Ressuscitou.

1. Ó morte, onde estás, ó morte? Quem és tu, ó morte? Qual a tua vitória?
2. Alegria, irmãos alegria, nós hoje cantamos, o Senhor ressurgiu.
3. Com Cristo, nós ressuscitamos, juntos proclamamos: o Senhor nos salvou.

Proclamação do Evangelho de Nosso Senhor Jesus Cristo, segundo São Lucas (24,44-49)

"Depois lhes disse: 'Isto é o que vos dizia quando ainda estava convosco: era necessário que se cumprisse tudo o que de mim está escrito na Lei de Moisés, nos profetas e nos Salmos'. Abriu-lhes então o espírito, para que compreendessem as Escrituras, dizendo: 'Assim é que está escrito, e assim era necessário que Cristo padecesse, mas que ressurgisse dos mortos ao terceiro dia. E que em seu nome se pregasse a penitência e a remissão dos pecados a todas as nações, começando por Jerusalém. Vós sois as testemunhas de tudo isso. Eu vos mandarei o Prometido de meu Pai; entretanto, permanecei na cidade, até que sejais revestidos da força do alto'."

Breve homilia e silêncio para adorar Jesus

Comentarista: Peçamos perdão por tudo aquilo que reconhecemos não ser conforme os desejos do Pai e que não nos torna Templos do Espírito Santo. Testemunhando nossa condição de pecadores, fiquemos de joelhos:

— Por todas as vezes que não estamos atentos à voz do Espírito que ora em nós e nos guia à vontade do Pai.

Senhor, tende Piedade de nós.

— Pelas vezes que nos acomodamos, permanecendo mornos espiritualmente, não permitindo que o fogo do amor de Deus abrase nosso coração para levar o evangelho a toda criatura.

Cristo, tende piedade de nós.

— Por nossos desânimos, falta de confiança, pouca abertura ao futuro, ignorando o prodígio da criação sempre nova, dom do Espírito Santo.

Senhor, tende piedade de nós.

Comentarista: Certos da bondade de Deus, cantemos pedindo que o Espírito Santo faça da nossa vida um Pentecostes contínuo.

Canto: Conheço um coração

Conheço um coração tão manso, humilde e sereno,
que louva o Pai por revelar seu Nome aos pequenos,
que tem o dom de amar, que sabe perdoar e deu a vida para nos salvar.

Jesus, manda teu Espírito
para transformar meu coração. (2x)

Às vezes no meu peito
bate um coração de pedra,
magoado, frio, sem vida,
aqui dentro ele me aperta.

Não quer saber de amar nem sabe perdoar,
quer tudo e não sabe partilhar.

Lava, purifica e restaura-me de novo.
Serás o nosso Deus e nós seremos o teu povo.
Derrama sobre nós a água do amor,
o Espírito de Deus, nosso Senhor.

Comentarista: O Espírito Santo ora em nós e nos sugere o que pedir. Alarguemos nosso coração para acolher todas as intenções da Igreja e do mundo. A cada pedido cantaremos o refrão: **Envia teu Espírito, Senhor, e renova a face da terra.**

Leitor: Senhor Deus, faz com que este Pentecostes traga para minha vida um novo vigor espiritual, quero estar cheio do Espírito Santo.

Leitor: Senhor Deus, faze com que eu me torne uma árvore florida e produza muitos frutos de conversão pessoal e salvação do mundo.

Leitor: Senhor Deus, dá-me a graça de uma fé inabalável, de modo que nada e ninguém me possa derrubar e me mantenha erguido.

Leitor: Senhor Deus, uma vez renovado pelo Espírito Santo, concede-me a intrepidez para anunciar o Evangelho a toda criatura.

Intenções pessoais

Comentarista: Vamos todos juntos pedir a Efusão do Espírito

Oração pela Efusão do Espírito Santo

Vem, Espírito Santo,
E renova em mim a chama do Teu amor.
Enche-me de fé, Senhor,
E revela com Tua luz todos os meus pecados e traumas.
Liberta-me, Espírito Santo,
E faz de mim uma nova criatura.
Santifica o meu espírito e alma,
Renovando também todo meu ser, emoções,
Mente, ouvidos, olhos, lábios e atos.
Capacita-me a viver a Palavra de Nosso Senhor
Jesus Cristo em toda sua profundidade.
E agora, Santo Espírito,
Dá-me os Teus dons
Para que eu possa melhor servir o reino de Deus,
Amando, indistintamente, todos os meus irmãos.
Mas, acima de tudo, derrama o Dom do louvor,
Para que, em tudo e por tudo,
Eu glorifique o Senhor Nosso Deus.
Em nome de Jesus.
Amém.

"Ele vos batizará no Espírito Santo e no fogo" (Lc 3,16b).

Obs.: Antes da bênção do Santíssimo, pode ser feita uma cerimônia de imposição de mãos. O gesto de impor as mãos foi usado por Jesus e pelos apóstolos. Impor as mãos e invocar o Espírito Santo significa que o Espírito Santo nos vivifica fazendo de nós novas criaturas. Esta cerimônia pode ser mais solene com o Padre e uma equipe impondo as mãos ou convidando os presentes a impor as mãos na pessoa ao lado. Nos dois casos, repete-se: **Recebe o fogo do Espírito**.

Bênção com o Santíssimo

Consagração ao Espírito Santo

Ó Divino Espírito Santo, luz eterna e brilhantíssima, cuja magnificência enche o Céu e a terra, eis-me aqui, humildemente prostrado ante a Vossa divina presença, para me consagrar a Vós para sempre.

Adoro o brilho de Vossa pureza, Vossa imutável justiça e o poder do Vosso amor.

É por Vós, força e luz de minha alma, que eu penso, vivo e obro.

Não permitais que eu peque contra Vós nem resista aos suaves impulsos de Vossa graça, mas dirigi todos os meus pensamentos para que esteja atento à voz de Vossas inspirações, siga-as fielmente e encontre na Vossa misericórdia auxílio para minhas fraquezas.

Adorável Espírito, compadecei-Vos de minha indigência, preservai-me de todo o erro e obtende-me o perdão, se eu chegar a cair em pecado.

Peço-Vos, aos pés de Jesus crucificado, contemplando e adorando, cheio de confiança, suas chagas sagradas, seu lado aberto, seu Coração transpassado.

Espírito do Pai e do Filho, fazei que, com Vossa graça, possa dizer em tudo e sempre:

"Falai Senhor, que Vosso servo Vos ouve".

Espírito de Sabedoria e Entendimento, dissipai minha ignorância.

Espírito de Conselho, dirigi minha inexperiência.

Espírito de Fortaleza, fazei-me perseverante no serviço de Deus; dai-me a força de proceder em tudo com bondade e benevolência.

Espírito da Paz, dai-me a Vossa Paz.

Espírito de Santidade, ornai com as celestes virtudes da Pureza e Simplicidade o templo que escolhestes para Vossa morada e, por Vossa graça poderosíssima, preservai constantemente minha alma da mancha do pecado. Amém.

ELE MARCOU
UM ENCONTRO COM VOCÊ

Assista ao programa ENCONTRO COM CRISTO apresentado por Pe. Alberto Gambarini:

REDE VIDA
De segunda-feira a sexta-feira, às 6h30 e 17h30
Domingo, às 17 horas

TV GAZETA de São Paulo CANAL 11
(e também por parabólica para todo o Brasil)
Domingo às 8 horas

Um programa da sua

IGREJA CATÓLICA APOSTÓLICA ROMANA

1Cor 9,16
"AI DE MIM, SE EU NÃO ANUNCIAR O EVANGELHO."

Este livro foi composto nas famílias tipográficas
New Baskerville, Amazone e Agenda
e impresso em papel *Offset 75gm*^{2}

Edições Loyola
Editoração, Impressão e Acabamento
Rua 1822, n. 347 • Ipiranga
04216-000 SÃO PAULO, SP
Tel.: (0**11) 6914-1922